〝訪問〟から〝在宅〟へ

ともに走り、奏で、送る「在宅看護師」を知っていますか？

鈴木 忠／佐藤奈緒子／大瀧めぐみ
たまふれあいグループ 在宅ケア研究会 著

プレジデント社

はじめに　それはまるで、指揮者のいないオーケストラ。

「在宅看護師」という見慣れない単語を目にして、本書を手に取られた方もいると思います。「在宅医療」なら聞いたことがあるし、「訪問看護」や「訪問看護師」ならわかるけど……。「在宅看護師」とは何だろう、と。

「在宅医療」とは、外来や入院ではなく、医師が定期的に患者さんのお宅に訪問して診療をする医療のことです。通院が困難な患者さんに対して、その方が暮らす生活の場で医療行為を行います。

そして「訪問看護」とは、看護スタッフがお宅に訪問して、その方の看護を行うことです。利用者さんが、可能な限り自宅で自立した日常生活を送ることができるよう、健康状態の悪化防止や機能回復のお手伝いをします。医師の指示に基

Introduction

づいた医療処置も行います。また、自宅で最期を迎えたい方には、ご本人やご家族の希望に寄り添った看護もします。

私は、川崎市多摩区を中心に、在宅医療・訪問看護・介護支援・福祉事業などの幅広いサービスを提供する、たまふれあいグループの代表を務めています。私たちが提唱する「在宅看護」とは、訪問看護や訪問診療を行いながら、デイサービスや看護小規模多機能型居宅介護（看多機）などの施設と連携し、地域に住む人々の幸せな生活を実現するため、地域医療の包括的な役割を担うという、まったく新しい価値観です。在宅看護に関わる「在宅看護師」は、医療的なケアだけではなく、利用者さんの生活環境を整えて、心地よく暮らせるように必要なすべてのことをマネジメントします。

私がなぜ、地域医療をよくするための「在宅看護」に取り組むのか。その理由を、最初にお話しします。

私はもともと、消化器外科医として病院で働いていました。当時の仕事の一つが、口から食べることができなくなった患者さんの胃に穴を開けて胃ろうをつくることです。

あるとき病院に、嚥下障害がある患者さんが紹介されました。誤嚥性肺炎になる恐れがあったため、ご家族とよく話し合い、胃ろうの手術をしました。術後経過も問題なく、地域の老人ホームに戻られたのですが、2週間と経たずに病院に戻ってきてしまいます。なんと、胃ろうの扱い方を正しく理解していない職員が、誤った方法でご飯を食べさせてしまったのです。それから間もなく、その方は肺炎で亡くなられました。

私はひどくショックを受けました。おこがましいですが、病院の中で医師が頑張っているだけでは、地域医療全体はよくならない現実を痛感したのです。私たちは地域で暮らし、地域の中で生きています。地域全体の医療や、それを取り巻く環境を改善しなければ、一人の医者、一つの病院がいくら頑張ったところで、患者さんの命や生活は守られません。まずは、地域医療の力を上げていかなければならないと、そのとき気が付いたのです。

では、どうしたらそれを実現できるか。私は、地域医療を変えていく鍵は「在宅医療」にあるという考えに至りました。「在宅」の現場である家は、その方が暮らす生活の場です。まずはそこをケアすることが、地域医療全体の底上げにつながるのではないか。そう考え、在宅医療に携わることを決めました。

病院は、患者さんにとっては〝アウェイ〟の空間です。患者さんが、医療スタッフにとっての〝ホーム〟である病院に行き、治療を受けます。一方、在宅の現場は利用者さんの自宅であり、文字どおり、利用者さんの〝ホーム〟です。そのホームで看護をする、つまり同じフィールド上に利用者さんと医療者がいます。私たちが提唱する「在宅看護」は、利用者さんやご家族と同じフィールドの中に医療スタッフが存在し、ケアをする考え方です。私たちが「(外から入ってくる) 訪問」ではなくて「在宅」という言葉を使う理由は、ここにあります。

すなわち、私たちが目指す「在宅看護」とは、利用者さんが日常生活を送るすべての環境での医療と生活（暮らし）を支援することであり、「在宅看護師」は在宅療養のスペシャリストを意味します。「在宅看護」を継続的に提供することで、地域に住まう人々の、よりよい人生の基盤を支えられると考えています。

もう一つ、在宅看護において私たちが目指している組織の形があります。それは、誰もがリーダーシップを発揮する「マルチリーダーシップ・マネジメント」による組織運営です。

一般的に急性期の病院では、治療に関するすべての権限を持っているのは医師で、医師がリーダーシップを発揮します。現在の日本の医療制度の仕組みでは、医師がトップに立つヒエラルキーのもとで治療が進められ、医師の下に、看護師やコメディカルなどが連なります。

一方で、在宅療養の目的は「幸せな日常生活」「苦しみのない人生」を送ることであって、必ずしも命を長らえさせることではありません。そうなると、医療者がやるべきことは、治療だけとは限らないのです。

「病院」と「在宅看護」における組織の違い

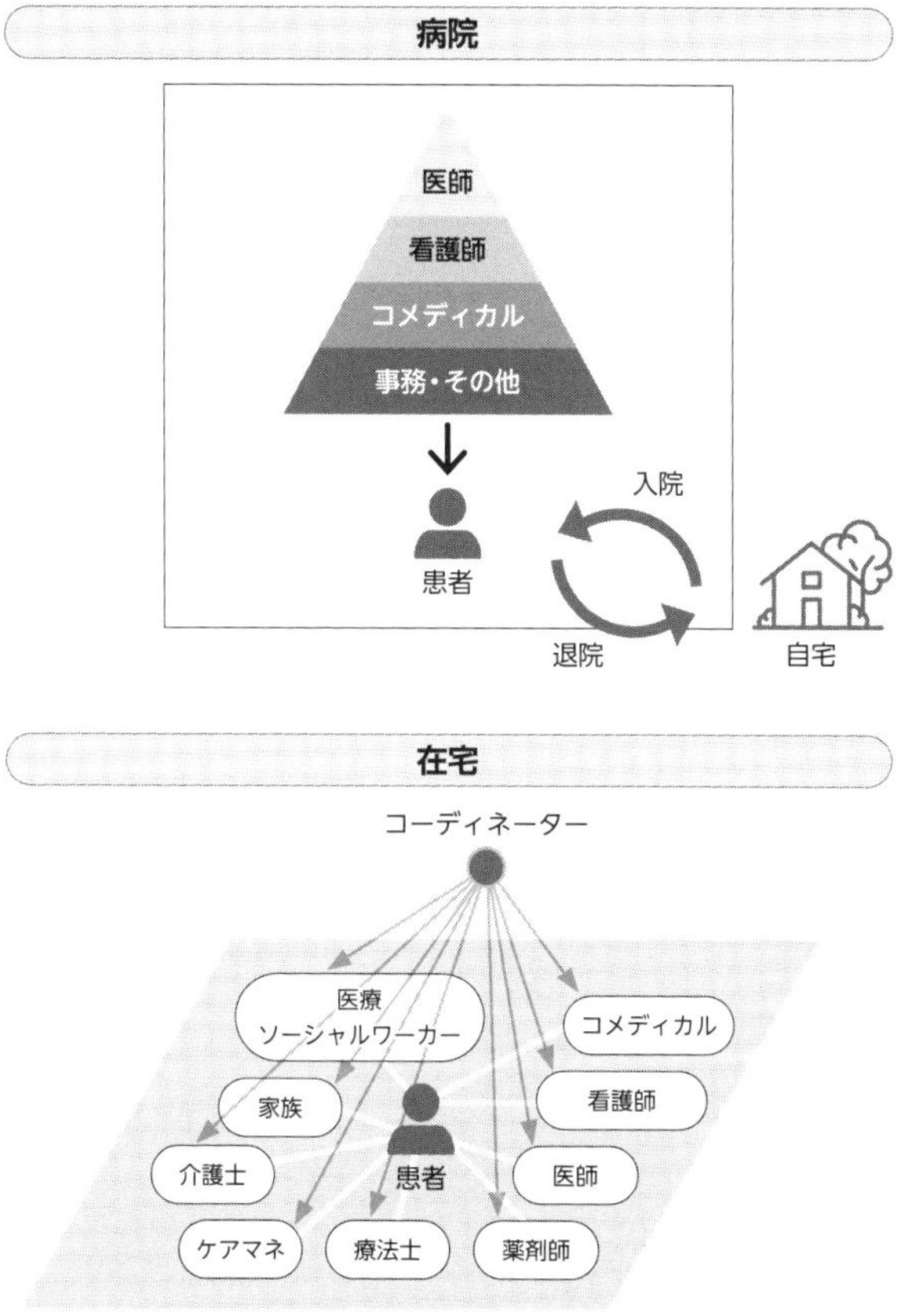

先にお伝えしたフィールド、つまり利用者さんの周りには医師や看護師、コメディカルなど数多くの職種が並列に存在しているわけですから、それをまとめるコーディネーターが必要です。ただし、それは病院のように医師とは限らず、あるときは看護師、またあるときはソーシャルワーカーと、その時々の状況にあった人がリーダーとして指揮を執ることになります。言い換えれば、誰もがリーダーシップを発揮するチャンスがある。それが「マルチリーダーシップ」であり、私たちが考える新しいケアのあり方です。

そのあり方はいわば「指揮者のいないオーケストラ」といえるでしょう。オーケストラは、指揮者を筆頭にして演奏するヒエラルキー構造の代表例といえますが、ニューヨークを拠点に活動する「オルフェウス室内管弦楽団」は、指揮者、つまりリーダーが不在の自主運営型の組織でありながら、素晴らしい演奏をするとして、世界中で賞賛されています。そのため「指揮者のいないオーケストラ」という言葉は、ビジネスの世界でも新たな組織運営の形態として注目されているのです。在宅看護において私たちが目指す「マルチリーダーシップ」も、まさにそのような組織運営をイメージしています。

医師を筆頭に組織化されている病院の中では、指示されたことを遂行することがよしとされます。一方、在宅看護の現場には、自分がリーダーとなって動く世界があるのです。

本書では、在宅看護という新しい価値観や、そこで働く在宅看護師の仕事とはどういったものなのか、看護師としてどんなやりがい・学びがある仕事なのかを、実際に在宅看護師として働くスタッフたちのエピソードを紹介しながらまとめています。看護師を目指している方や、すでに看護師として働いている方にとっては、これまでの看護の概念を超えた、驚くようなエピソードもあることでしょう。

本書を通して、私たちのように「地域の人たちの生活を支えたい」との思いを抱く方が現れれば、これほどうれしいことはありません。

たまふれあいグループ 代表　鈴木 忠

目次

Contents

Chapter 2

ともに泣き、笑い、悩む。在宅看護師への成長STORY

たまふれあいグループ 看護・リハ部スタッフ

Contents

Chapter 4

ご家族から見えた、在宅看護師の価値とは

利用者さんのご家族

Chapter 5

地域の人々に寄り添う、最高の舞台に立とう

たまふれあいグループ代表　鈴木 忠

Contents

利用者さんに教えられた、在宅看護師という生き方

たまふれあいグループ 看護・リハ部 部長
佐藤奈緒子

Chapter 1

在宅看護師として10年以上働く佐藤看護師は、この仕事の本質を利用者さんから学んだといいます。在宅看護師とはどういった価値観の仕事なのか、エピソードとともに紹介します。

私たちの使命は「自分らしい生き方」に〝バンソウ〟すること

私は、看護学校を卒業した後、大学病院の看護師として数年間勤務していました。その後、たまふれあいクリニックの開業と同時に在宅看護師として働き始め、10年以上になります。長く働く中で、この仕事に大切なことや、奥深さといった数多くのことを、看護に携わった利用者さん・ご家族から教わりました。本章では、利用者さんとのエピソードを通して、皆さんにもこの仕事についてお伝えしたいと思います。

具体的なエピソードに移る前に、まずは在宅看護師という仕事が包括するものについて説明します。本書冒頭でも触れたように、在宅看護師とは、訪問診療の看護師や訪問看護の看護師、通所介護の看護師、そして居住系施設の看護師を含むものです。在宅看護師とは、これら在宅療養のスペシャリストのことを指しています。それぞれの役割について、見ていきましょう。

「訪問診療」は、原則月2回の計画的な医療サービスを医師が行います。医師のサポートをする診療の看護師は、医師に同行してご自宅を訪問します。患者さんやご家族が、医師には質問しづらい治療のことや、介護職員では答えられない医療のことについて、垣根なく相談できる存在です。

「訪問看護」は、在宅療養する利用者さんのご自宅を看護師が訪問して、病気や障がいに応じた看護を行う医療サービスを指します。訪問の看護師は、利用者さんのご自宅を訪問して〝生活を見る〟ことによって、環境や生活習慣、ご家族にも寄り添いながら看護を行っていきます。

「通所介護」の看護師は、看多機やデイサービスなどの施設で、健康管理や観察、入浴や食事の場面、あるいは利用者さんが社会に接する機会を生かした療養支援を行います。

「居住系施設」の看護師は、有料老人ホームやホスピスで、終の棲家として暮らす利用者さんの療養生活の支援を中心とします。

私は、たまふれあいグループで、訪問診療と訪問看護の両方を経験しました。急性期病院での看護と、訪問診療・訪問看護での経験。これらを通して、「患者さんやご家族をさまざまな方面から見て、全体像を捉える」ことが大事だということを知りました。

なぜなら、在宅看護の利用者さんが求めるものは、必ずしも治療だけではないからです。人それぞれに違った価値観があり、そこに決まった正解はありません。家庭のあり方は、十人十色ならぬ〝十人十家〟といえるでしょう。在宅看護では、それぞれのご家庭に入り、利用者さんご本人だけではなく、ご家族ともコミュニケーションを取りながら、最適なケアを考え、実践していきます。そのためには、訪問診療、訪問看護、施設看護といった異なる視点からの気付きを包括してコーディネートしていく必要があります。どれか一つの視点ではなく、全体を見ることこそが、在宅看護師として求められるものなのだと、たくさんの患者さん、ご家族と関わる中で、学びました。

そして、在宅看護師には、ある3つの力が大切だと気付いていったのです。

この仕事に大切な、3つの〝バンソウ〟とは

〝バンソウ〟とは、伴走・伴奏・伴送を表します。これら3つの言葉は、在宅看護師の仕事を語る上で欠かせないキーワードです。これから本書でご紹介する在宅看護師のエピソードはすべて、これら3つのバンソウに基づくものです。まずは、それぞれについて簡単に説明していきます。

「伴走」とは、利用者さんご本人とご家族の気持ちに寄り添って、生活の変化に気を配りながらともに進んでいくこと。あくまで利用者さんが中心であることがポイントで、看護師は、利用者さんの動きやペースに合わせて寄り添い進みます。例えば、利用者さんの気持ちを慮った言葉を掛けることも、具体的な「伴走」のアクションの一つです。

「伴奏」は、利用者さんやご家族の演奏（生活）に心を重ね、後悔が残らないようにするため、シチュエーションを演出したり、話し合いの場をつくったりしてい

くこと。そうした場を司会者として仕切ることや、助言や提案を行うことも、その中に含まれます。具体的には、利用者さんの「こうしたい」「ああできたらいいのになぁ」という思いに対して、それが困難だとしても無理と決めつけるのではなく「どうやったら実現できるだろうか」と試行錯誤していくことが、「伴奏」だといえるでしょう。

そして「伴送」。付き添い、送ることを表すこの言葉は、ご家族とともに、利用者さんの最期を看取ることを指します。本章のエピソードでも紹介する、「エンゼルケア」もその一つです。在宅看護では、すべての人が「1秒でも長く生きる」ことを最優先に考えているわけではありません。ですから、利用者さんのお看取りをすることも必然的に起こります。その人らしいお看取りを考え、そのときが訪れたら、ご家族とともに送る。それも大切な力の一つです。

これら3つの力を兼ね備え、生き方に寄り添っていくこと。それこそが在宅看護師の仕事であり生き方なのだと、私は学びました。

利用者さんにバンソウする上で、悩むことも多い仕事です。10年以上キャリアを積み重ねた今でも、「あのときはあの判断でよかったのだろうか」と考え続けています。それでも、抱えている問題が解決し、ご本人やご家族に満足いただけたときの喜びの大きさを、私たちは知っています。それは、在宅看護師だからこそ経験できるものでしょう。

「もっと、利用者さん一人ひとりに寄り添ったケアがしたい」「具体的に、どうやってバンソウしていくのだろう」「自分が望む看護は、在宅の現場にあるかもしれない」――。そう考える読者の皆さんに、私がこれまでに出会った利用者さんや、ご家族との出来事をご紹介します。それぞれの出来事から私が学んだことを通して、在宅看護師とはどういう仕事で、日々どのように利用者さんと向き合い支えていくのか、きっとイメージがふくらむことと思います。

訪問診療や訪問看護の現場で在宅看護師として長く働いてきたからこそ見えた景色、この仕事の奥深さと素晴らしさを、皆さんにも少しでも感じてもらえたら幸いです。

Episode 1

ごみ箱から見つかった意外な「真実」とは……

私たち在宅看護師の働く現場は、病院ではなく、利用者さんのご自宅です。家の中に入って利用者さんの看護をする上で、何げない室内の様子から、看護に重要な情報を得られることは少なくありません。

例えば、暮らしの中で出る、家庭ごみ。それがごみ袋に入れられた状態で玄関の隅にでも置かれていれば、「ごみと認識して、しっかりまとめる力があるんだな」「認知症の症状はなさそうだな」と考えます。

しかし、在宅看護師はそこから一歩踏み込み、想像力を働かせながら、「では、なぜ捨てられていないのか」を深掘りします。足腰が弱くなってしまったのか、ごみ回収の曜日がわからなくなってしまったのか、出しに行くことを忘れてしまったのか……。さまざまな可能性を考えることで、とるべき対応は変わってきます。

目に見える「事実」だけではなく、その背景にある「真実」を見つけることで、問題を解決に導く――。利用者さんの姿を一方面から見るのではなく、生活全体に目を配る大切さを学んだ、こんな出来事がありました。

「薬は飲んでいるのに」痛い理由

その高齢の女性は、一人暮らしでした。がんを患い、いつも「体が痛い」と言って、つらそうにしています。一般的に、利用者さんに痛みがあるときは、最初は弱い痛み止めを処方し、それでも痛みが治まらないと、より強い薬を処方します。その女性は効き目の強い痛み止めを処方されていましたが、一向に「痛い、痛い」は止まりません。

「本人は薬を飲んだと言っているのに……。何が起きているんだろう」と思い、ご自宅に入ったときに、さりげなくごみ箱の中に目を向けてみました。すると、そこには薬包が捨てられています。よく見てみると、薬包の中には痛み止めの薬がそのまま残っている状態だったのです。その女性は、薬を数種類まとめて飲んでいたため、おそらく痛み止めの薬が飲めずにいたことに気が付かなかったのでしょう。そのため、「薬は飲んでいるのに」痛みが続いていたのです。

痛みが治まらない原因はわかりましたが、家で暮らす上で、これから薬をきちんと服用してもらうには、どうしたらいいでしょうか。

まず、女性のご自宅で介護を支援されていたケアマネジャーに連絡し、「薬を飲むときにヘルパーさんを入れてもらえないか」と相談をしました。薬を飲む時間にヘルパーさんに来てもらい、薬を飲めているかを確認してもらうようにしたのです。すると、痛み止めをきちんと服用することができ、無事に痛みを緩和することができました。

家の中に入って原因を特定し、ケアマネジャーとの連携がとれなければ、この場合は解決するのが難しかったでしょう。

「事実」ではなく「真実」を見つける

このように、ご本人が口にする事実と真実は異なるといったことは、しばしば起こります。だからこそ在宅看護師は、限られた時間で利用者さんの生活全体を見渡し、想像力をめぐらせることで、問題の原因となる「真実」を見つけ出さねばいけないのだと、この経験から学ぶことができました。

家の中に入る上で、ごみ箱以外にも、注意を配るポイントはさまざまあります。もちろん、ご自宅は利用者さんの〝ホーム〟ですから、いきなり許可なくあちこちを見るようなことはしません。糖尿病でインスリン注射を打っている利用者さんでしたら、インスリン注射は冷蔵庫に保管されていることが多いです。「あとどのくらい残っているか点検しますから、冷蔵庫を確認してもいいですか」と声を掛けて開けることがあります。すると、甘いお菓子がたくさん入っていて、「注射を打っていても血糖値が下がらない理由は、ここにあったのか」と、判明することも。ご本人は「食べてない」と言っていても、生活を見てみるとその言葉とは違う「真実」が見つかることがあるのです。

ほかにも、例えば賞味期限切れの食品がたくさん見つかったり、手を付けていない食パンがいくつも並んでいたりしたら、認知症が進んでしまった可能性が考えられます。綺麗なままでまったく使われていない台所、流されていないトイレの水……。ご自宅を訪問するからこそ、普通の生活を送る上でできなくなってしまったことは何なのかがわかるのです。そうしたことにさりげなく目を向けることで、よりよい生活を送るための看護へとつなげていきます。


利用者さんやご家族との信頼関係を築き、生活全体に目を配って「今見えている事実は、真実なのか」を確認する。そんな、在宅看護師の大事な役割に気付かされた出来事でした。

もう一つ、生活全体を見た上で、他職種と連携することによって、利用者さんとご家族の暮らしに大きな変化をもたらした出来事を、次のエピソードでご紹介します。

Episode 2

「全方位」からのサポートで、再び歩けるように

60代の、糖尿病を患っていたとある女性利用者さんとの出来事です。こちらの女性は病院に通院されながら、ご主人とお二人で暮らしていました。しかし、次第に内服薬でも抑えきれないほどに血糖値が上がっていってしまい、とうとうインスリン注射を導入されるまでになっていました。また、もともとうつの症状もあったため、ご自宅で寝たきりの状態になってしまい、下半身のさまざまなところに褥瘡ができている状況でした。

お住まいの集合住宅にはエレベーターがなく、病院へ通うことは困難です。そこで、利用されていた訪問看護ステーションから「訪問診療に入ってもらえないでしょうか」――。そんな連絡が入りました。

私はこのとき、訪問診療の看護師として女性のご自宅に入り、サポートに携わることとなりました。

いざご自宅にうかがってみると、なんと部屋の奥のほうから、未使用のインスリン注射がたくさん出てきました。そして、血糖値も正しく測れていなかったことが判明します。ご主人は「やっています」とおっしゃっていたものの、管理の仕方が十分に伝わっていなかったため、血糖値は下がらず糖尿病も悪化してしまっていたのです。

小さな工夫で、生活がまわり始める

そこで、訪問診療を始めたことを機にご自宅で安全に暮らせるよう、まずはご主人に寄り添い、薬を管理しやすい方法を、連携先の訪問看護ステーションが考えました。

奥様が飲む薬には、朝昼晩の3回、それぞれに「食前薬」と「食後薬」がありました。それに加えてインスリン注射も打たねばなりませんから、ご主人が混乱するのも無理はありません。そこで、日付のところにポケットが付いたカレンダーに薬を入れて、毎日ポケットに入っている薬を飲ませるようにお伝えしたところ、ご主人はしっかり管理できるようになりました。そのうちに血糖値が改善され、インスリン注射がいらないまでになったのです。奥様は寝たきりの状態だったため、尿道にバルーンカテーテルも入っていたのですが、それを抜いて普通に排尿できるようにもなりました。

次第に褥瘡の症状もよくなり、食前薬の必要がなくなるなど、薬の量も減っていきました。さらに驚いたことには、それまで寝たきりで歩けなかったのに、部屋の中を少しずつ歩けるようになったのです。自分でリビングに行き、ご主人と並んでご飯を食べられるようにまでなりました。

さて、そのような経緯で血糖値もしばらくの間は落ち着いていたのですが、あるとき再び、上がり始めてしまいました。薬もしっかり飲めているようだったのに、一体何があったんだろうと驚き、まずはご主人に、最近の食事についてたずねました。宅配のお弁当を頼んでいるとおっしゃるので、「実際のお食事内容を見せてもらえますか」とお願いしてみると、おかずしかありません。ご飯はどうされているのだろうと疑問に思ってたずねたところ、「ご飯だけは、自宅で炊いて食べている」とのこと。血糖値が上がる原因を掴みかね、ご主人に「それではお茶碗を見せてください」と伝えると、出てきたのは、なんと大きなどんぶり。たくさん動けるようになればお腹が空きますから、食欲の出てきた奥様のことを思って、お茶碗をどんぶりに変えてしまったそうです。「ご飯は自宅で炊いて食べている」のは「事実」ですが、その「真実」はどんぶりいっぱいのご飯だった、というわけです。

このとき、どんぶりをお茶碗に戻すように、ご主人に指導するのは簡単です。しかし、そうすると習慣を変える必要が出てきてしまうため、ご主人やご本人が混乱してしまうかもしれません。

どんな工夫をすれば、ご主人に寄り添いながら、わかりやすく伝えられるだろうか。そのご家庭に入っていた連携先の訪問看護ステーションの看護師に連絡を取って、相談しました。相談の結果、どんぶりはそのまま活用し、キッチンにあったスケールを使うことにしました。「ここの目盛り線に針が来るまで、ご飯を入れていいですよ」と伝えたところ、血糖値が安定するようになったのです。

他職種との情報連携で、家を「全方位」から見る

奥様はその後、さまざまな数値が改善されていきました。好きなタバコを買うために、自分で階段を下りて、近くのお店まで行けるようになったのです。歩けるようになるまでは1年もかかっていなかったと記憶しています。(これが病院であれば、タバコを買うことは止められますが、ご本人の自分らしい生き方とのバランスを重視する在宅看護では、必ずしも禁止することはありません)

薬の飲み忘れを防ぐポケット付きカレンダーも、キッチンスケールも、ご自宅にあるものを活用することがポイントです。家族が負担なく続けられるように工

夫を重ねて、日々の生活を支えていくのです。

この場合は、私は診療の看護師としての立場から、訪問看護師さんは訪問の看護師としての立場から利用者さんを見ていて、それぞれの視点で得た情報を共有して連携しながら、よりよい看護を考えていきました。診療看護師と訪問看護師がスムーズに連携することによって、「在宅」の看護師として、その家を全方位的に見られるようになるのだと学んだ一例です。

診療看護師、訪問看護師に限らず、在宅看護では他職種との連携が欠かせません。医師やケアマネジャー、作業療法士や薬剤師など、利用者さんの生活に関わるあらゆる職種と適切に連携し、コーディネートすることによって、より幅広い視野から利用者さんを見ることができます。

自分一人では対応が難しいケースでも、他職種と情報共有し相談することによって、問題が解決することもあります。それもまた、在宅看護師だからできることであり、大きなやりがいにつながると感じています。

次のエピソードでは、ご家族の思いに伴走した出来事をご紹介します。

Episode 3

ご家族にも伴走し、「どうすればできるか」を考える

これからご紹介するエピソードは、私と一緒のチームで働く看護師が、訪問看護の現場で経験したことです。看護師と利用者さんご家族との関わりを近くで見ていて、これがご家族に伴走するということなのかと、私自身、ハッと気付かされた出来事として、心に残っています。

その80代の男性は、脳梗塞を患った後でした。奥様と二人暮らしで、誤嚥性肺炎を何度も繰り返していました。脳梗塞を患った影響で飲み込みが悪くなり、むせることが増えたため、肺炎を起こしやすい状態になっていたのです。病院からは「今後、口から食べるのは避けたほうがいいでしょう」と言われていました。

「家で看たい」という奥様の強い希望もあり、看護小規模多機能型居宅介護（看多機）を利用しながら、ご自宅で過ごすこととなりました。

ご家族のペースにも徹底して付き合う

私が訪問看護にうかがった際、スタッフは、ご本人とのやり取りだけではなく、奥様が行うケアのレクチャーにも時間を掛けていました。ご主人は胃ろうをされていたので、「ちゃんと消毒できていますか」「きちんと接続できていますか」「ほかにも何か困っていることはありませんか」と確認するなど、奥様とのやり取りを繰り返します。

ご家族は、看護のプロではありません。ケアに慣れるまでは大変で、時間もかかりますが、その奥様はとても一生懸命。ご主人のために何かしたい、その熱心な気持ちが伝わってきたから、スタッフも、その気持ちと「家で看る」決断に寄り添い、支える覚悟を決めたのだといいます。

このご夫婦だけではなく、ご高齢の方がパートナーのお世話をされるケースは少なくありません。周囲は「大丈夫かな」と心配しがちですが、二人だからこそ支え合えることもあります。一見すると片方が支えているように見えても、実はケアをする側もまた、自分が相手をケアしているという実感に支えられているのです。

奥様の「ご主人のケアをしたい」気持ちを尊重するため、スタッフはご家族のペースに合わせて、何度も、何度も、ケア方法をお伝えしていきました。

慣れない胃ろうのケアに苦戦する奥様とやり取りを繰り返すうちに、奥様はご主人をしっかりとケアし、看られるようになっていきました。

スタッフが初めてお会いした頃、ご主人は医師に、口から食べるのは避けたほうがいいと言われている状況でしたが、奥様はずっと「どうしても本人の口から食べさせてあげたい」と希望されていました。その「どうしても」の思いをかなえるには、どうすればいいだろうか。スタッフはまず、看多機のショートステイを利用してもらい、口から食べられるよう、少しずつ食べる練習をすることにしました。何か起きたらすぐに看護師が吸引できるよう、看護師がいる場所・時間帯に食べてもらうようにしたのです。そして、それから1年以上かけて、ご主人は少しずつ、口からも食事を摂れるようになられたのです。

この背景には、奥様に心を重ね、一生懸命応えようとしたスタッフの強い思いがあります。どう工夫すれば、ご本人とご家族の希望をかなえることができるのか。看護師の「寄り添う力」が、ときに不可能を可能に導くすごさを目の当たりにし、私自身、目からうろこが落ちた出来事でした。伴走するということは、ご家族の覚悟に寄り添うことでもあるのです。またこの出来事を通して、同じチームで働くスタッフの看護師としての成長も感じ、とてもうれしく思いました。

一般的に看護師は、「患者さんが、いつまでに、何を達成できる状態へ導くか」という看護目標を設定し、それをゴールとした看護を行っていきます。しかし、そのように看護師が決めたペースではなく、あくまで利用者さんとご家族のペースを主体として伴走できるかどうかが、病院での看護と在宅看護の大きな違いともいえるでしょう。

Episode 4

寄り添うことの難しさを知った、後悔の記憶

在宅看護師としてかれこれ10年以上働いていますが、何年経っても、あとから「あのときの自分の対応は、正しかったのだろうか」と自問自答することは少なくありません。利用者さんはどんな言葉を求めていたのだろうか、自分の思い込みだけで走っていなかっただろうか――。そうした答えの出ない自問自答を積み重ねて、利用者さんにとっての正解は何だったのだろうと考え続けることも、この仕事を続ける上では必要なことではないか、在宅看護師として成長していくことではないかと、今では考えています。

後悔の気持ちとともに今でも胸に残っている、私が在宅看護師として働き始めたばかりの頃の、ある利用者さんとの出来事をお話しします。

「食べたい」という言葉の裏側

その利用者さんは、食道がんの末期状態でした。食道が細くなり、水分は食道をぎりぎり通るものの、固形物の食事はできない状態です。ご本人は、これ以上の治療はしないと決断されていたため、ご自宅でご家族と過ごしていました。

水分を摂るために、1日2本の点滴をしていました。点滴処置のためご自宅にうかがうと、ベッドから見える位置にはパソコンがあります。その画面（スクリーンセイバー）には、この前は中華そば、今日はカツ丼、といった具合に、昔撮った食事の写真が次々と映し出されていました。「あそこのお店はおいしいんだよ」とお話ししてくれ、食べることが大好きだったことが伝わってきました。

ある日、その方がふと「カツ丼が食べたいんだよね」とつぶやいたのを耳にします。もちろん食べられる状況ではないのですが、繰り返しおっしゃるのを聞いて、私はその言葉をそのまま受け取り、どうしたら食べさせてあげられるかなと

Chapter 1

考えたのです。そこで次に訪問する際、近くのお店でカツ丼をつくってもらって持っていき、食べるのは無理だけれど「汁だけでも、味わってみてください」と、お渡ししてしまったのです。

次にお会いしたとき、私はてっきり「吸ってみたよ」「おいしく味わえたよ」と言葉を掛けられるかなとどこかで期待していました。しかし、そうした言葉はありません。いつもおいしそうな食事が映っていたパソコンを見ると、もうその画面には、食事の写真は映らず、その後も戻ることはありませんでした。

「なんてことをしてしまったんだろう」。そのときにやっと、私は気が付きました。ご本人は、自分はもう、食事を飲み込めないことが頭ではわかっているのです。家にはご家族もいて、キッチンも使われていましたから、もし本当に味わいたい気持ちがあれば、ご家族に頼んでつくってもらうことは簡単だったでしょう。私は、自分がよかれと思ってした行動で、その方が「もう固形物を食べることができない」「汁を吸うことしかできない」現実を、目の前に突き付けてしまった。利用者さんがどんな気持ちで言葉を発したのか、その背景をよく考えて、自分ではなく利用者さんの気持ちに真に寄り添うことの難しさを、後悔とともにかみしめました。在宅看護師になって、まもない頃の話です。

瞳に輝きが戻ってきたのは……。

その出来事の少し前から、その方は口から水分を摂れる量が減り、容体もだんだんと悪化していました。もともと積極的な治療をのぞんではいなかったのですが、この先のことを覚悟されたような、遠い目をされるようになっていたことを覚えています。少しずつ、これからの話をするようになりました。

エンゼルケアの話をしていたとき、「最後に、着たい服はありますか?」とおたずねしました。すると、驚いた様子で「えっ、亡くなったらみんな、白装束を着るんじゃないの」とおっしゃいます。確かに一般的にはそのようなイメージがあるかもしれませんが、在宅でのエンゼルケアではそういった決まりはありません。自分が着たい思い出の服や、ご家族が着せたいと思う服、なかにはお着物を着られる方もいるのですよ、とお伝えすると、その瞬間表情がパッと明るくなり、それまでどこか遠くを見つめていた瞳が、きらきらと輝き出したのです。

早速ご家族を呼び、「あの服とあれを用意しておいてほしい」とお話しされ、それは初めてお会いした頃のような、活気のある声でした。

その方に対して私は、大変申し訳ないことをしてしまったという気持ちをずっと抱いています。ただ、最後に着たい服の話をしたことで、もう命が長くないことはわかっていても、「自分がどうしたいか」を前向きに考える時間をもってもらえたのではないかなとも思います。

最期のお別れのときには、趣味で続けていらした楽器の発表会のときに着ていた服をお召しになりました。

在宅看護師として、利用者さんと関わり、その人らしい生き方を支えるとは、一体どういったことなのか——。自分の一方的な「こうしたい」という思いで動いてはいけないと、深く考えるきっかけになった、忘れられない出来事です。

Episode
5

エンゼルケアで、悲しみが笑顔へと変わるとき

さきほどのお話にも出てきた、「エンゼルケア」。これは、利用者さんがご逝去されてからお看送りするまでの、グリーフケアの一つです。お体を拭いて綺麗にしたり、お化粧をしたり、好きな洋服への着替えを行ったり……。看護師が中心に行うこともあれば、事前にご本人を交えてご要望をうかがい、そのときが訪れたらご家族の方々とともに行うこともあります。明確な定義が決まっているわけではなく、利用者さんの尊厳を大切にする前提のもと、施設やご家族の希望によってさまざまなスタイルがあります。このエンゼルケアの過程を経て、ご家族は悲しみを少しずつ受け入れていくのです。

在宅看護師は、お看取りの際、このエンゼルケアをサポートすることがあります。私も、たくさんの利用者さんのエンゼルケアに携わってきました。住み慣れ

たご自宅でのお看取りだからこそかなえられたことや、ご家族との伴送について、ご紹介します。

おばあちゃんの爪を彩る赤いマニキュア

がんを患う70代の女性は、娘さん夫婦と同居されていました。訪問看護と訪問診療の両方で関わらせていただき、最期はご自宅でのお看取りとなりました。

人はいずれ亡くなることはわかっていても、いざそのときが訪れるとご家族に悲しさが押し寄せるのは当然です。お看取りのとき、その場にいた皆さんが「おばあちゃーん」「お母さーん」と泣き、お別れを惜しまれていました。

少しずつ、ご家族の気持ちが落ち着いてきた頃合いを見て、「エンゼルケアをしましょうか」と声を掛けました。「じゃあ何を着せようか」という会話から始まって、「おばあちゃん、気持ちよさそうに寝ていたよね」「私よりたくさんご飯を食べてたよ」など、いろいろな思い出話をしているうちに、涙で濡れていたご家族の顔が、だんだんと笑顔に変わっていきました。

みんなで体を拭いたり、シャンプーをしたりしてから、洋服の着替えをしていると、小さいお孫さんが「僕が靴下を履かせてあげるよ」と小さな手で、靴下を履かせるのを手伝ってくれました。

すると、隣にいらした大きなお孫さんは「じゃあ私は、爪を綺麗に塗ってあげたいな」と、おばあちゃんの指にマニキュアをし始めたのです。実は、そのお孫さんはプロのネイリスト。色は鮮やかな深紅で、ご家族に囲まれた女性のその赤い指先は、とても綺麗でした。

こうしたケア以外にも、お祭りが大好きだったお父さんのためにはっぴを着せたり、お母さんに似合う口紅の色をご家族で選んだり……。さまざまなエンゼルケアの形があります。

どのご家族も、お看取りの直後はショックを受け止めきれずに涙を流し、深い悲しみに陥ります。しかし、看護師とエンゼルケアを進めていき、故人との思い出を語り合ったり、介護生活を思い出したりすることで、徐々に悲しみを受け止めていきます。そして、少しずつ、新しい日常へと戻っていくのです。

在宅看護師が伴送するということは、利用者さんご自身の最期をその方らしく送るお手伝いに加え、残されたご家族を支えることにもつながります。たくさんのお看取りを経験し、私はその大切さを学びました。

病院でのエンゼルケアは、一般的には看護師が主体となって病室で行うことが多いため、ご家族の皆さんで携わることは難しいかもしれません。看護師だけで行うこともあります。在宅看護のエンゼルケアでは、慣れ親しんだ「家」だからこそ、リラックスした状態で思い出を語らうこともできるのでしょう。エンゼルケアを通して、ご家族は気持ちの高ぶりを、少しずつ受け入れ、クールダウンしていくことができます。そしてこのとき、ともに送る看護師もまた、エンゼルケアによって癒やされていくのです。

エンゼルケアとは双方向のグリーフケア

大切な方のお看取りを終えたご家族が、「何一つ後悔なくできた」とおっしゃることは滅多にありません。それは、私たち在宅看護師でも一緒です。ご家族と同じように、「あのとき、あの判断でよかったのだろうか」と常に思い悩んでいます。最期にご家族の後悔がなるべく無いように支えたい、そして「自宅で看ることができてよかった」、そんな気持ちを少しでも持っていただきたい。そう思いながら、日々の看護に当たっています。

ご家族の後悔や、悲しみの気持ちをゆっくりと落ち着かせてくれるのがエンゼルケアで、これは「癒やし」という意味があるグリーフケアの第一歩。実はその過程は、在宅看護師にとっても大きな意義のある時間なのです。

過去に私が診療の看護師として携わったご家族の方と、こんな出来事がありました。娘さんが自宅でお母さまを看ていらっしゃったのですが、あるとき、娘さんの表情を見ると、だいぶ疲れが溜まっているご様子。「娘さんが疲れてしまったら、自宅で看ることが難しくなってしまいますから、短時間でもショートステイなどを使って、一人のお時間をつくってみてはいかがですか」といった言葉を掛けました。しかし娘さんは、自分で看たい気持ちが強く、最期までお一人でお母さまを看ていました。

初診から約1年後。お母さまがご逝去され、お看取りの訪問に同行した看護師から「娘さんは、泣くこともなく、とてもすっきりしたご様子でした。小さいときの話やご姉妹の話をしながら、一緒にエンゼルケアを行いました」と聞いて、安堵しました。

たまふれあいグループでは、一周忌のとき、ご家族にお花とお手紙をお送りします。娘さんに、お花とお手紙をお送りしてしばらく経った頃、こんなお返事をいただきました。

「あのとき、佐藤さんに『お母さまにとって、娘さんが自分のために疲れているのを見ることはとてもつらいこと』『お母さまのことを思っているのはわかります。

お母さまのために休んでください。後悔しない介護はないけれど、より後悔が少ない道を選んでください』と言われたことがうれしかった。おかげで、もう少し休むようにしよう、そしてまた頑張ろうと思えて、最期まで介護できました。家で看られて本当によかったです」と書いてありました。

介護している間のご家族は、常に気を張った状態で過ごされていますが、エンゼルケアを進めていくうちに気持ちが落ち着き、看護師に本音を話してくださることがあります。直接の言葉や、また今回のようなお手紙で「まさか本当に自宅で最期まで過ごせるとは思っていませんでした」「皆さんに助けてもらったから、本人の希望をかなえられました」と言われると、私たちも「ああ、在宅看護師としてバンソウすることができたのだな」と、救われる思いになります。

ご家族と看護師とがともに故人を送るエンゼルケア。それは、看護師の心にも癒やしを与える、双方向のグリーフケアでもあるのです。

利用者さんから学んだ、在宅看護という新しい価値観

私はこれまで、診療や訪問の看護師として、さまざまな利用者さんやご家族に携わってきました。その中で学んだことは、本章でご紹介したように、利用者さんやご家族の生活を支え、ＱＯＬを守っていくためには、全体から物事を見る必要があるということ。そして、利用者さんの生活全体を見てよりよいケアにつなげていくためには、一方向からのケアを行うだけではなく、看護の立場から他職種との連携を積極的に取り、マネジメントまでを行う「在宅看護」という新しい価値観が必要不可欠だと、強く認識したのです。

そうして私は、在宅看護のプロフェッショナルであり、利用者さんやご家族にバンソウする、「在宅看護師」としての道を、進むことになったのです。

積極的治療を目的とする病院とはまったく違った価値観で、新しい概念である在宅看護。そのように聞くと「すごく難しいんじゃないか」「患者さんの生活に寄り添いたいとは思うけど、自分には無理なんじゃないか」、そのように思われる方もいるかもしれません。

確かに、在宅だからこそ、ご本人だけではなくご家族を含めたいろいろな問題が出てきます。しかし、それを解決につなげる喜びや、解決したときの利用者さん、ご家族の満足感、そのやりがいを、私たち在宅看護師は知っています。在宅看護の難しさは、裏を返せば奥深さでもあり、面白さともいえます。

次の章では、実際にたまふれあいグループで在宅看護師として働いているスタッフのストーリーを紹介します。この仕事を通して得られるスキルを、看護師としての将来に迷いがある方にぜひ知ってもらいたいです。その方の生活全体を見て、その方らしい生き方を支える。そのような生き方・過ごし方を、看護師としてのキャリアの選択肢に加えてみませんか。

ともに泣き、笑い、悩む。在宅看護師への成長STORY

たまふれあいグループ　看護・リハ部スタッフ

Chapter 2

本章には在宅看護師として歩み始めたばかりの、3名のスタッフが登場します。日々悩みながら前に進む成長の軌跡から、だんだんと在宅看護師に育っていく、等身大の姿をお伝えします。

CASE 1

病棟経験1年での転職。伴走する看護を目指して

——U看護師・たまふれあいクリニック3年目

私は、たまふれあいクリニックで診療看護の看護師として働き始めて、3年目を迎えます。在宅の看護師を志したきっかけは、幼少期より私の家族が、自宅で訪問看護を受けていたことです。小さい頃から、家の中にいる看護師が身近な存在だったこともあり、「患者さんを支える、素敵なお仕事だな」と、自然に憧れるようになりました。

看護学校を卒業後、一度は総合病院へ就職。在宅看護という道があることもわかってはいたのですが、卒業したばかりで経験の少ない自分が、最初から目指せる仕事だとは思っておらず、まずは総合病院での経験を積むことが必要だと考えていました。

しかし、そこでの仕事は、自分がかつてイメージしていた「患者さんやご家族

を支える看護師」とはギャップがあるものでした。苦しそうな患者さんを、治療のために拘束しなければならない局面もあったからです。それは、治療を目的とする病院では必要なことだと感じていても、自分が目指していた看護とのギャップを感じ、悩むこともありました。

「もっと、患者さんやご家族に寄り添える看護ができないだろうか」――。そんな、漠然とした思いを抱きつつ、自分は将来どんな看護師でありたいか、改めて考えるようになります。そんなとき偶然、たまふれあいグループで訪問看護師を募集していることを知りました。ただ、当時は「今その道へ踏み出すのは、まだ早いのでは」と、迷いもありました。

実務経験1年間で得た学びや知識の中で、在宅看護の道へ進んでも、いざ一人でご自宅を訪問して、一人で判断することができるのか。とても心配だったのです。それでも在宅看護の世界には興味と憧れがあったので、話だけでも聞いてみようと、連絡を取りました。

自分の理想はご家族と「一緒に」歩むことだと確信

院長や看護師の方からお話を聞く前に、まずは訪問看護の現場を見学させてもらいました。そこで驚いたのは、看護師だけではなく、〝ご家族〟が患者さんの看護を手伝っていたことです。ご家族の協力がなければご自宅で過ごすことは難しい。だからこそ、在宅看護では看護師がすべてを担うのではなく、ご家族と一緒に行うことがあるのだと知りました。看護師がご家族に、ケアの仕方を教えている姿が印象的だったのを覚えています。

また、看護師が患者さんやご家族とたくさんコミュニケーションを取りながら処置していたことに病棟との違いを感じました。この違いについて、これまでは知識として何となく認識していましたが、実際に現場を見たことで、自分が目指している看護の姿はここにあるんじゃないかと、再認識したのです。

とはいえ、経験が浅いことに不安があるのも事実でした。はたして、本当に自分にできるのだろうか、と面接で不安な気持ちを正直に伝えたところ、院長からは「まず、訪問診療で医師と一緒に訪問をして、医師がどんな考え方をしていて、どう治療しているかを学んでから、訪問看護に移ってはどうですか」と提案されました。そのような学びや経験もできることを知り、2度目の面接では、同世代の看護師も活躍していることを伝えられました。訪問看護はキャリアを積み重ねた看護師ばかりが働いていると思っていたのですが、必ずしもそうではなく、20〜30代の看護師も活躍している話と、「後悔はさせない」という院長の力強い言葉に、不安が和らぎました。

たまふれあいグループで働く看護師データ（2024年時点）

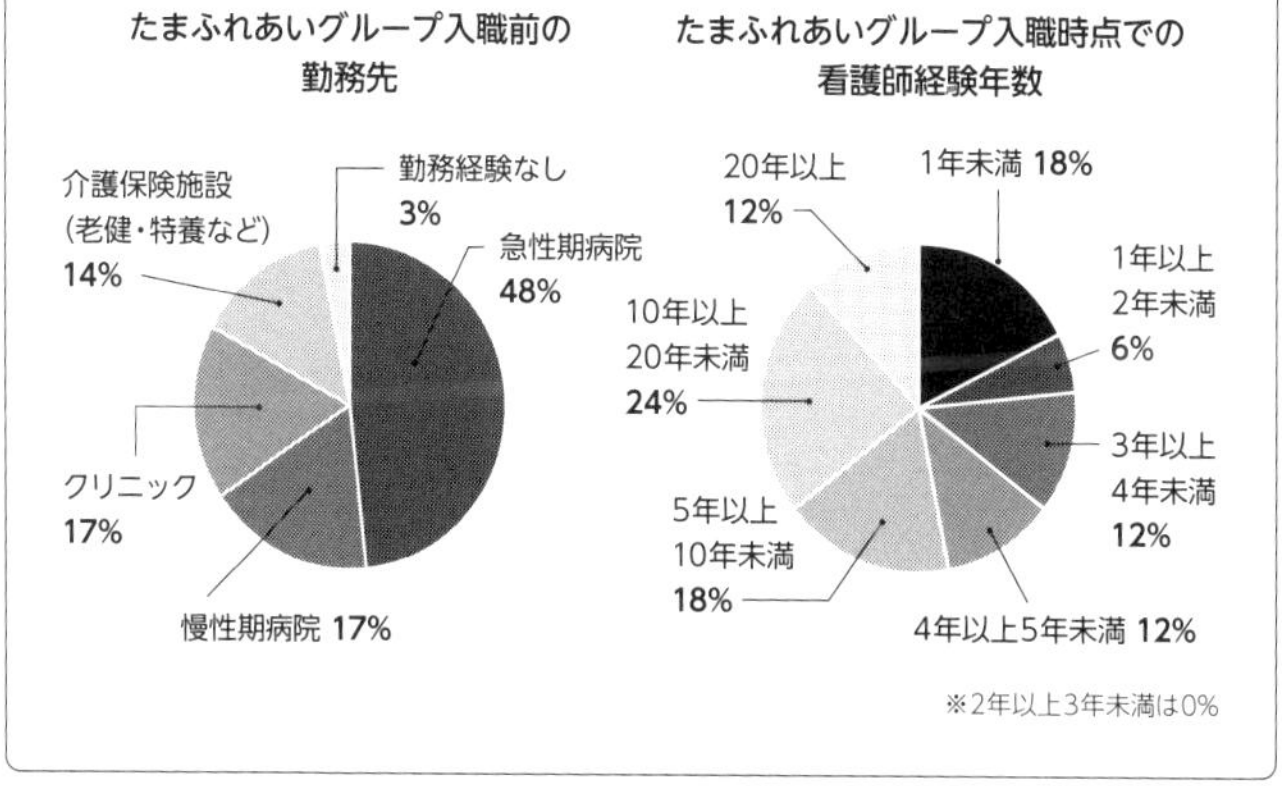

※2年以上3年未満は0%

そうして、私は訪問診療の看護師としての一歩を踏み出しました。働き始めて先輩方の仕事ぶりを見ていると、在宅看護は、疾患だけでなく「生活を見ている」のだと、改めて実感するようになりました。

訪問診療の看護師は、すべてを自分だけで判断して動くというより、医師の診療補助をしたり、医師とご家族の橋渡し的な役割を担ったりと、調整や連携業務がメインです。患者さんの症状に合わせてご自宅や施設をおおよそ2週間に1回のペースで訪問し、滞在時間はおよそ15～20分程度です。業務に慣れるにつれ、「医師と一緒にまわることは誰でもできるのではないか」「看護師のやりがいとは何だろう」と悩むことも。そんなとき、先輩看護師から「その悩みは成長の証」と言われ、限られた時間の中で自分に何ができるかを考えるようになりました。

例えば、認知症のご夫婦のご自宅に訪問したときは、きちんと薬を飲めているかわからない場合があるため、薬の空き袋があるか、ごみ箱の中をさりげなく見るなどしています。こうしたことを限られた時間内で行うには、観察力や注意力が必要です。

また、患者さんからすると医師からの言葉は〝指示〟だと感じてしまうため、医師の説明がよくわからなくても、その場では質問しづらく、本心が伝えられないこともあるのだと、業務の中で実感しました。そんなとき私は、医師の言葉を患者さんやご家族がわかりやすいような言葉に変えて伝えるようにしています。患者さんの反応を見て、問題なく理解されているか、不安に感じていそうかを把握して、必要であればそれを医師に伝えるのも診療に入る看護師の役目ですので、医師と患者さんの両方と、上手にコミュニケーションを取るようにしています。

患者さんと心を通わす時間が、大きな喜びに。

そのほかにも、血圧や酸素の数値を測定しながら、何げない会話をしたり、医師が診療している間に訪問介護や通所先、ご家族とやり取りする連絡ノートをチェックしたりして、患者さんの「生活」を観察・把握します。経験を重ねる中で、在宅看護師は観察力や洞察力が問われる仕事だと実感するようになりました。

私は総合病院勤務時代も、患者さんと会話をする時間が大好きでした。訪問診療は短時間ではありますが、その方の今までの人生や生きがいなどに触れることができる、得がたい機会でもあります。自分とは異なる人生に触れるわけですから、自分自身の視野も広がります。部屋の様子など暮らしぶりを観察することに加え、そうした少しの会話から、「いつもと違う様子はないかな」と気付けるように心掛ける——。そのようにして、ご本人やご家族の思いに「伴走」することが、私にできることだと考えて、意識して行動しています。

訪問先のお宅から事務所に戻ってからは、訪問看護師やケアマネジャーなどに患者さんの様子を伝え、何か変化に気付いたときは、必要なサービスの提案や区分変更の提案などをすることもあります。事務所内のスタッフに対してだけでなく、必要であれば外部の専門家とも連携します。例えば、先にお伝えした「薬の飲み忘れ」が心配な患者さんには、それを防ぐために薬局にお願いして、薬包に一つずつ日付を入れて一包にまとめていただくよう依頼することもあります。

連携においては、患者さんの状態や必要なことを、しっかりと伝える力や説明する力が求められます。そうすることで、患者さんが過ごすさまざまな現場での気付きが活かされて、患者さんはもちろん、ご家族も生活がしやすいように工夫をしていくことができるのだと、学びました。

アイデア次第で、患者さんの選択肢も増えていく

私がやりがいを感じる瞬間は、患者さんの「自宅でできることの幅」が広がったときです。ご本人だけでは不可能だったことが、私たち看護師の提案によってできるようになれば、こんなにうれしいことはありません。例えば、医療用の弾性ストッキングは、一人では履きづらく、高価というデメリットがあります。その代替案として、手に入れやすく履きやすい、着圧ソックスを提案したところ、とても喜ばれたことがあります。負担が軽くなると、精神的にも落ち着きますよね。

また、苦くて飲みづらい漢方の薬は、水で溶いてアイスクリームと一緒に口に入れることをご提案しています。これは、あるグループホームで実際にやられて

いた方法で、「いいアイデアだな」と感じたので取り入れさせていただきました。さまざまな施設を訪問する機会のある、訪問診療の看護師だからこそ得られた知見です。このように、日頃から患者さんやご家族の負担を減らすためにアンテナを張って、いろんなアイデアや知識を蓄えるようにしています。アイデアは経験だけで培われるものではないので、私のように現場経験が少なくとも、存分に発揮できる仕事だと思います。

在宅看護の現場には、リハビリや介護など、専門性の高い職種の仲間がたくさんいます。どうすればよいか悩んだとき、すぐに専門知識をもった方に相談・連携して迅速に対応することが可能です。患者さん一人ひとりの生活ニーズに合わせて「みんなで」支えているところが、患者さんを全方位から見る在宅看護ならではの強みであり、よりよい看護を考える上での心強さにもつながっています。

「こう伝えればよかった」……、言葉を見つける日々

もっと在宅看護の知識を広げることで、患者さんやご家族が望む在宅療養を広い視野で見られるようになり、より満足度の高い生活ができるよう選択肢を増やしたい——。それが私の目標です。「こうしなければ」ではなく「こういう道もありますよ」と提案できる看護師になりたいです。

ご家族や患者さんとのことを振り返り、「あのとき一言言っていれば、ご家族の負担が減ったかもしれない」「こういう言葉を掛ければよかった」と悩むことはしょっちゅうです。悩みながらも自分で「もっとこうしていれば」と気が付くようになったのも、成長といえるのかもしれません。でも、そうした悩みを院長に伝えたとき「あなたが患者さんと向き合い、そう思っているのなら、その気持ちを伝えてみたら?」と言われ、自分の思いを丁寧に言葉にしていくことの大切さに気付きました。気付きを得たからには、言葉にできるよう自信をつけていくことが、今の自分の課題です。

〝目に見えないこと〟にも寄り添っていきたい

「広い視野で見られるようになり、選択肢を示していけるようになりたい」とお伝えしましたが、具体的には2つの目標があります。

一つは、患者さんの「情報」を的確に伝えるということです。在宅療養の現場では、利用者さんのサービスに関わる各専門職が利用者さんの状態を評価して、「こういうことができるのではないか」「こうしたらよいのではないか」などと議論・提案する「サービス担当者会議」というものを必要に応じて開きます。各専門職が100％の提案ができるように、現場からの「情報」をしっかりと伝えられるようになりたいのです。深い洞察力を身に付けて〝目に見えること〟だけではなく発した言葉に込められた思いなど〝目に見えないこと〟も伝えられるようになりたい。各専門職がそれぞれの会議において50％の提案しか出せずにいたとき、利用者さんやご家族がそれ以上の提案を求めていたら、最善の在宅療養は目指せません。最善を目指すためには、「各専門職が100％の提案ができる」こ

Chapter 2

とが大前提であり、それには実際に利用者さんやご家族と接している私たち在宅看護師が伝える「情報」が欠かせません。とても責任のある、だからこそやりがいのある職務だと感じています。

もう一つは、そうして100%の提案が出たところで、「実は利用者さん・ご家族が求めているのは30%のところにあるものではないか」と提案できる力を身に付けることです。言うなれば、利用者さん・ご家族の望み、言葉にできない思いを察知できる力、言葉の裏にある思いを慮れる想像力です。

利用者さん・ご家族の生活やペース、気持ちに寄り添いながら、本当に求めていることをしっかりとくみ取り、一緒に進んでいく。そうやって利用者さん・ご家族に「伴走」していくために、各専門職の専門領域の知識も学んでいきたいと考えています。

「患者さんやご家族を支える看護師になりたい」——。そう憧れていた私が、看護師という職業の中でも、在宅の道を選んだことは間違いではなかったと確信しています。

CASE 2

その人らしい生活をともにつくる「伴奏者」でありたい

——S看護師・たまふれあい訪問看護ステーション4年目

私は看護学校を卒業後、大学病院の集中治療室（ＩＣＵ）での勤務を経て、在宅看護の世界へ飛び込みました。ＩＣＵで勤務し始めた当初は「ここで数年間経験を積んだ後は、大学病院以外のところでさらに技術を磨いていこう」と考えていました。働き始めたばかりの頃は、とにかく日々がめまぐるしく忙しくて、私自身、１年目で知識も実践も乏しかったこともあり、毎日の業務をこなすことに必死。治療に関すること以外には、とても気がまわらない状況です。それに、毎日受け持ちの患者さんが変わるので、患者さんご本人ではなく「疾患」を見ている——。そんな感覚がありました。

そうした中で、たくさんの管につながれている患者さんや、ときには意識がしっかりした患者さんが、日々ＩＣＵに運ばれてきます。病院は治療する場所ですから、治療が優先されるのはあるべき姿なのですが、さまざまな患者さんと接する中で「もう少し、患者さんが過ごしやすいように工夫ができないかな」と思うようになりました。

例えば、心不全の患者さんは、とても厳しく飲水管理がされています。けれども水が飲みたくて、喉の渇きから「氷を食べたい」と希望される方も多いのです。しかし、治療しなくてはならないことを考えると、それはかなえられません。そうすると患者さんにとってはストレスが大きく、なかには渇きに苦しんで暴れてしまう方もいます。「どうしても治療したい」と希望する方ならともかく、そこまで大きな負担を与えてまで厳しく管理しなければならないことに、もどかしさや疑問を感じるようになりました。

そんな出来事が重なり、もう少し、患者さん一人ひとりの状態に対応できる看護をしたいと、より患者さんと向き合うことに時間を掛けられる訪問看護に心が動くようになりました。というのも、看護学生時代の訪問看護ステーションでの実習がずっと心に残っていたからです。研修現場（利用者さんのご自宅）で、「この病気でも家で過ごすことができるんだ」と驚いたり、病気のご主人のために、病院食ではなく奥様が手づくりされたペーストを召し上がっている姿に感激したり……。驚きが多かったことを覚えています。ただ、当時は「在宅は、看護経験が浅いうちに飛び込むにはハードルが高い」と思い込んでいました。

けれども、病院での勤務を続けるうちに、治療に重点を置く「看護観」は、もしかすると自分の考えとは合わないのかもしれない、との思いが深まっていきました。それで、在宅看護へ移ることを決めたのです。

「一人ですべてを担わねば」という不安が消えたワケ

転職するにあたり、まずは在宅看護の基礎から学びたいと思いました。看護師が転職する場合、多くは条件に「臨床経験3年」が挙げられます。経験不足なのではと不安に思いましたが、3年の経験があったとしても、在宅看護師としては

1年目になることは変わりありません。思い切って、面接を受けることにしました。

ちなみに、面接ではほかの事業所では聞かれなかったような質問をされたことも印象に残っています。「普段どんなことをしているのか」「ストレスがあったときどうしているか」「自分はリーダータイプか、サポートタイプか」など、スキルや経験だけではなく、価値観や考え方を聞かれたように思います。後からたずねると、利用者さんやご家族の幸せを考えるにあたって、まずは看護師自身が幸せであること、セルフケアできること、そしてチームで連携して動けることが大事だという考えから、こうした質問をしていたそうです。

内定をいただいた後も、実際に働くことを決心するまで、不安はありました。病院なら、いつでも近くにほかの看護師がいるので、わからないことがあれば聞くことができますが、訪問看護は一人で判断をする必要が出てきます。入職前は、前の職場の同僚から「一人で怖くないの？」と言われ、心が揺らいだこともありました。

ところがいざ入職してみると、その不安は一掃されました。相談体制が整っていますし、担当制をとりつつも「みんなで」その利用者さんのことを考える体制になっているので安心しました。不安になるのは、訪問看護を「一人ですべて担うもの」と認識してしまっているからですが、実際は「チームでやるもの」。また、たまふれあい在宅事業部のオフィスは仕切りがないワンフロア。さまざまな異なる職種の人たちが同じ空間にいるので、ご家族の状況などをタイムリーに共有でき、いつでも気軽に相談できる職場環境です。

すべてのスタッフがワンフロアで働く、たまふれあい在宅事業部のオフィス

数値だけではなく人を見て、看護をカスタマイズする

病院との大きな違いを感じるのは、「看護のゴール」と、そこに向けたプランの組み立て方です。ＩＣＵでは、数値や症状の変化からプランを組み立てますが、在宅では、まず利用者さんの「生活しやすさ」を考えて、折り合いをつけながら看護プランを組み立てていきます。

もう少し具体的に言うと、ＩＣＵでは「たくさんついていた患者さんの管が減って、一般病棟に戻っていくこと」「命を少しでも長くつないでいくこと」がゴールです。一方、在宅看護では「いかに最後までその人らしさを保てるか」、例えば、最期のときまで好きな場所で好きなことを楽しめるか、といったことがゴールになります。病気の治療にはつながらないことであっても、その人らしい生活を守るためであれば、本人やご家族と相談した上で、かなえることもできます。そのため在宅看護では、利用者さんやご家族の考えや状態に合わせて、都度看護をカスタマイズしていく柔軟性が求められます。

病院と違って、ご自宅には専門的な医療器具や機器はありません。介護に必要な福祉用具がご自宅に入れられないケースもあります。あくまで家の中にあるもの、そしてなるべくコストがかからないものを利用するなど、臨機応変さも鍛えられます。点滴台が室内に入らない場合は、カーテンレールにS字フックをつけて代用したこともありました。

また、介護ベッドではなく、これまでどおり布団を使用したいと希望する利用者さんもいらっしゃいました。介護するご家族のことを考えれば、ベッドのほうが介護者の体への負担は少ないのですが、これまでの生活と変わることはご本人のストレスになります。そこで、布団でどこまで負担を少なくできるかをご家族と一緒に考えることにしました。座布団や枕などを使いながら練習を重ね、「これなら、あまり腰が痛くないね」というやり方を見つけました。利用者さんはこれまでどおり布団で寝られ、ご家族の負担も軽減させることができたのです。決まったやり方だけではなく、ご家族のことも考えた柔軟な対応ができたのも、全方位から見る在宅看護師としての力が身に付いた結果だったのかな、と考えています。

そして、在宅には、オンコールがつきもの。病院での夜勤は近くに先輩もいますし、医師の指示どおりに動くのが基本ですが、在宅では自分で判断して動きます。ですから限られた情報から全体を把握する力、最初の電話でどれだけ情報を引き出していくか、そんな冷静な対応力も大切だと実感しました。

かなえたい願いに向かい、家族の物語を紡いでいく

利用者さんとご家族の考えに合わせて、どうやったらよりよい看護ができるだろうと、自ら考えて実現につなげられた、こんな出来事もありました。

看多機を利用していたAさん（80代後半男性）は、当初、完全に胃ろうから栄養を摂取されていました。しかし、口からの食事を希望するご本人とご家族に寄り添い、言語聴覚士に介入してもらって、経口食の訓練を始めました。そのうち完全胃ろうの状態から、1食だけやわらかい食事を口から摂れるようになりました。

すると、奥様から「1泊2日でいちご狩りに行きたいので、旅行会社（介護福祉士付き添いで旅行ができる業者）を調べている」と、お話がありました。Aさんは食べたい意欲は強いものの、いちごを食べられるまでには嚥下機能が回復していません。奥様と旅行会社だけで話を進めるのは心もとなく、お二人が旅行を安全に、最大限楽しめるようにしたいと思い、私のほうでサポートできないかと考えました。

まず、Aさんの普段の活動量から、車いすに座っての移動に耐えられる距離・環境の旅行先をリストアップして提案。旅行会社にはAさんの日常のご様子を伝え、何ができて何ができないのかをしっかりと理解いただくようにしました。食事については、いちごは水分量が多く誤嚥になりやすいので、安全に食べられるように言語聴覚士に助言をもらいました。具体的には、旅行前に奥様にいちごを買ってきてもらい、つぶしてとろみ剤を混ぜるなど、スムーズな食べさせ方の練習をしてもらったのです。ホテルで用意される食事をAさんは食べられないので、常温で持ち運びできるやわらかい食事を選び、それを食べる練習もしました。お薬については、経口投与ができるように看多機で練習したり、少しお薬を減らせないか、医師に相談したりしました。

さらに、当日は大切な荷物を忘れてしまうことがないよう、持ち物や食事の方法などの詳細を書いた「旅行のしおり」を作成してお渡ししました。奥様がAさんのお世話で旅行を楽しめないことがないように、付き添いの介護福祉士の方には、Aさんの食事の介助も依頼。その結果、奥様も旅行をめいっぱい楽しむことができたと聞いて、ほっとしました。

準備や調整は大変でしたが、奥様から「旅行の朝、Aが私よりも先に起きてリビングにいたのよ」と聞いて、疲れが吹き飛びました。普段話しかけてもあまり話すことはなく、自ら行動を起こして何かをすることは、食事以外ほとんどないAさんでしたが、「どこに行くの」「いつ行くの」と自ら言葉を発していたといいます。Aさんの胸の内にも「行きたい」という意欲があふれていたのかもしれません。奥様は「自分だけが旅行に行きたいと思っていたのではなかった」と知って、とてもうれしそうでした。

旅行を安全にできるようサポートしただけでなく、実はAさんご自身も楽しみにしていたこと、奥様にその気持ちを知ってもらえたことは、旅行ができた以上に価値のあることだったと思います。

療養生活の中では、旅行に行くという考えに至らないことがほとんどですし、行きたいとおっしゃられても、看護師が「この状態では無理です」と言ってしまえばそこまでです。利用者さんとご家族に「形にしたい願い」があれば、その願いをかなえるために一緒に物語を紡いでいく。そうした「伴奏」ができたことに、私自身、在宅看護師として成長させてもらえた出来事でした。

感謝の言葉をいただくことが大きな励みに

とはいえ、どんなときも、自分の看護に対して「これでよかったのかな」といった迷いはあります。そうした中、ご家族やご本人から感謝の言葉をいただくことが大きな励みになっています。

先の、布団を使い続けたいとおっしゃっていた利用者さんとのエピソードです。

ご家族が「最近ますます体と心が弱くなってきてね……。一緒に外出できたらいいけど、無理かしらね」とお話しされました。私は診療の医師と、お看取りが近いことを確認していましたが、ご家族にはそのことをお伝えしていません。ご家族は、予後について確かめたいご様子でした。私は「春に桜が、見られたらいいですね」と言葉を掛けました。間もなくして、利用者さんは亡くなります。先が長くないとわかっている方に対して、自分がそう言ってしまったことは間違っていたのではないかと、あとから思い悩みました。ですが、その後ご家族とお会いした際に、「あのときああ言ってもらえたから、前向きな気持ちでいることができました」と声を掛けられ、私自身が救われました。

かつての私のように、疾患だけではなく患者さん自身を看たい、そして、ご本人やご家族が望む生活を実現できるように支えていく看護をしたいと思う方は、一度、在宅看護師という選択肢を検討してみてほしいと思います。

CASE 3

「チーム」を強く育てる。中堅の私が考えるキャリア

——K看護師・たまふれあい訪問看護ステーション3年目

私は四年制大学を卒業した後、最初は大学附属病院に勤務しました。そこではがんの末期で入院し、亡くなる方が多くいらっしゃいました。患者さんの最期をお看取りする経験を重ねるうちに、「看護師は、ご家族と一緒に何ができるのか」を考えるようになります。病院でも、個室の場合はご家族と一緒に洗髪などのケアをやらせていただくこともあります。そのとき、ご本人とご家族は本当にうれしそうな姿を見せてくださるのです。それから間もなくお別れとなることも多いのですが、そうした経験を重ねていくと、「ご家族のために」という気持ちがいっそう強くなりました。今思うと、このとき抱いた気持ちが、在宅看護の道への思いを強くしたきっかけかもしれません。

通っていた大学でも「在宅看護」についての授業はあり、当時から利用者さん

の気持ちに寄り添うことに重点を置いた授業内容に関心を持っていました。治療を前提とすることの多いほかの授業とは異なる視点に惹かれ、いずれはチャレンジしてみたい領域だと考えていたのです。

その後、プライベートの変化を機に日勤だけのクリニックに移り、10年ほど勤務します。一段落ついた頃、いよいよ在宅の世界へ踏み出そうと、たまふれあいグループ訪問看護ステーションで、看護師として働き始めました。

次に訪問するまでの生活を、どう組み立てるか

直前のキャリアが日勤のみの看護師だったため、在宅の現場でやっていけるか、正直スキル面での不安はありました。日勤だと、その日クリニックに来院した方の、その場での様子を見ます。でも、在宅看護師の場合は、利用者さんの情報を絶えず収集し、見極め、推論して、どういったケアや処置が必要かを考える、看護師のアセスメント能力がより必要になってきます。自分にはその能力が足りな

いのでは、と危機感を持っていましたが、実際の入職後にはプリセプター制度（先輩看護師によるマンツーマンでの指導・フォロー制度）もあり、先輩看護師に同行していくうちに、不安は少しずつ解消されました。また、幅広い視点から利用者さんを支えるため、これまで勤務した病院、クリニックで培ってきた知識が活かせる場面もありました。

先輩看護師に同行した際に言われた「訪問看護では、次に自分が訪問するまでの間、利用者さんが生活を続けていけるように考えることが大事」という言葉が心に残っています。利用者さんの生活を考える上では自分で考えることも必要ですが、専門知識を持つスタッフに相談することも大事だと教わりました。

オンコール勤務は、しばらくの間は、先輩と二人体制で待機していたこともあり、安心感がありました。初めて一人で対応に当たったオンコールは、入社から約半年後。しかも、自分にとって在宅では初めてのエンゼルケアを行うこととなったのです。

事前に指導されていたように、必要なことを電話口で伝え、その後ご自宅へ。女性の利用者さんでしたので、ご家族と一緒にお化粧や着替えをお手伝いし、お看送りをしました。初めての一人でのオンコールに、初めてのエンゼルケア。自分で判断をして動くことには怖さもありましたが、利用者さんやご家族のために、自分には何ができるだろう？　と考えながら実践することに、充実感を覚えたのも事実です。在宅看護師としての一歩を、こうして踏み出しました。

人生と向き合い、癒やしへと向かうエンゼルケア

働き始めてからも、ご家族とともにご本人をお看送りする、さまざまなエンゼルケアの場面に立ち会ってきました。その経験を重ねる中で、エンゼルケアについて今私が感じていることをお伝えしたいと思います。

エンゼルケアは、ご家族と一緒に、洗髪や髪のセット、口腔ケア、体を拭くといったケアを行い、利用者さんによっては、お化粧をし、ご本人やご家族の選ん

だお洋服を着せて送り出します。お小水やお通じを綺麗にするときはご家族に席を外していただくなど、利用者さんご本人の尊厳に寄り添った形で行います。

ご本人のお体のケアを一緒にさせていただくことは、ご家族に信頼していただけているということでもあるので、そのお気持ちがとてもありがたく、一つひとつのケアを丁寧に、大切に関わらせていただいています。その中でもお洋服を着替える時間は、ご家族からご本人とお洋服にまつわる思い出話をうかがうことも多く、思い出を共有できる、何物にも代えがたい時間だと感じています。


ご家族はご本人が最後に着る一着を、一生懸命に選ばれます。「このスーツ、お父さんにとてもよく似合ってたね」「母はこの着物が好きでよく着ていたんです」「この服、お母さんの手づくりなんですよ」と語りながら。

看護師は、その人らしさを感じられるこの時間、ご本人が生きてきた軌跡をご家族とともに見つめています。また、看護師がご家族に生前のご本人についてうかがうと、ご家族が思い出を話してくださいます。それが、ご家族にとってのケア、つまりグリーフケアにもつながるのです。

ご本人とご家族の、最後の時間をご一緒しながら、その大切な時間を創り出すお手伝いをする――。それはまさに「伴送」だと感じており、在宅看護師の大切な役割の一つだと実感しています。

「全方位から見る」ためにチームとしての力を磨く

未経験から在宅の世界に来た看護師にも、先程お話ししたプリセプター制度や、未経験業務のチェックリストなど、在宅看護師として本人が自信をもって業務に当たれるような工夫があります。

訪問看護でうかがうお宅は、基本的には担当制ではありますが、担当者がうかがえないケースも想定して、同行の看護師を付けることもあります。在宅看護における看護師の視点は本当に人それぞれなので、自分自身、同行することでたくさんの気付きを得られます。看護師同士で「なぜこうしたか」「これはもっと工夫できないか」と意見交換をすることで、アイデアや考えをブラッシュアップさせています。

たまふれあいグループでは、他部門のメンバーと一緒に受講する社内研修のほか社外研修制度もあり、私は今、リーダーシップ研修を受講中です。在宅看護は、看護師同士だけではなく、さまざまな職種の方と連携し、チームで動くもの。チーム内の心理的安全性を確保することで、活発な議論につながり、それぞれの気付きや成長に結び付きます。

私自身の看護師としてのこれからのキャリアを考えたとき、在宅でのスキルはもちろん、こうしたチームビルディングや新人看護師の指導力も磨いていきたいと思っています。お互いに何でも話せるチームづくりをして、互いの知恵や知識を持ち寄ることが、利用者さんへのよりよい看護の提供にもつながるのではないか。そう考えるようになりました。

たまふれあいグループで働く看護師の声①

Q. 「病院ではなく、在宅看護だからこそ実現できたことを教えてください。」

最期に利用者さんの大好きな日本酒を少し口に含んで味わっていただくことができました。

認知症の方は、入院による環境の変化で混乱されてしまうこともあります。在宅でも、発熱・脱水のときには点滴治療が可能なので、自宅であれば落ち着いて過ごせます。

布団やこたつで横になったり、ペットと過ごしたり、自分らしくいられるのが在宅のよい所！

絶飲食の方でしたが、お看取りが近付いてきた頃、奥さまの提案で、好物だったすいかの汁を含ませてあげることができました。

やはり、ある程度自由に、ご本人やご家族が望むように過ごせるのが、在宅の一番の魅力です。だからこそ、自由と体調のバランスを考えるのが難しい……。

知識を共有して、互いに成長し続けるように

私たち在宅看護師は、病院とは異なり、まず、利用者さんの家に入れてもらえなければ始まりません。そのためには、ご本人やご家族との信頼関係の構築が大事です。信頼を築いてから「これからどうしていきたいのか」を丁寧に聞いていきます。もちろん、すぐに答えを出せることばかりではありませんし、本心を聞かせていただくまでには時間がかかることもありますが、ご本人とご家族の様子を見ながら、どんな「伴走」や「伴奏」ができるのか考えます。

以前担当したご利用者さんのエピソードです。もともとはご本人がご自身で薬を管理されていましたが、病状が進んだことで、奥様が代わりに薬を管理するようになりました。奥様はこれまで薬の管理に関わっていなかったので、わかりやすく管理できるように、ご自宅にあった牛乳パックの空き箱をお借りし、「痛いとき」「熱が出たとき」「気持ち悪いとき」と3つの仕切りを設け、それぞれに該当

する薬を分けて入れるようにしたのです。また、箱にカラーのビニールテープを貼り付け、「〇〇のときはこの色の薬を飲んでください」と伝えました。そうしたところ、奥様から「とてもわかりやすいね」とおっしゃっていただけました。

　こんなささやかな工夫も、看護師が互いに共有すれば、それぞれが担当する利用者さんに対して提案できることが増えていきます。こうした知恵の共有も、よりよい伴走につながると考えています。

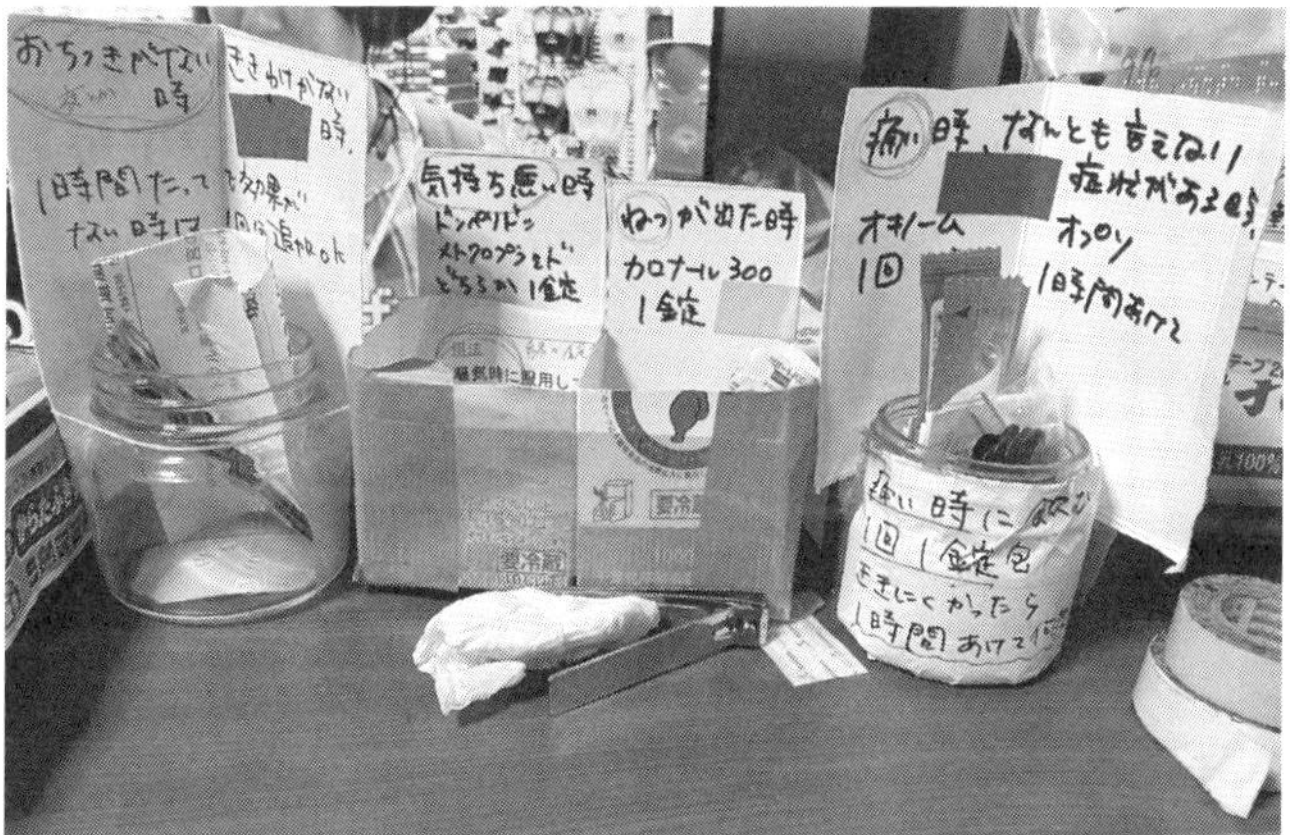

看護師が牛乳パックとメモで手づくりした薬入れ

たまふれあいグループで働く看護師の声②

Q. 「「こんなこともしてくれるの!?」と驚かれたことや、ケアで工夫していることを教えてください。」

ベッドでの洗髪は「もう頭を洗うことはできないとあきらめていたのに」と驚かれることが多いです。ヘッドマッサージを行うことも。

爪切りや、女性の利用者さんには爪磨き、ご家族と一緒にマニキュアを塗らせていただいたこともありました。

耳掃除などの細かい清潔ケアは、ご本人にもご家族にも喜んでいただけます。

動ける方であれば、一緒に散歩するようにしています。また、訪問票のサインも、なるべく自筆で書いてもらい、ご自身のできる範囲を狭めないようにしています。

帰るときは握手をしてご挨拶しています。手のぬくもりに、こちらも心が暖かくなります。

ほかの病院や、クリニックでの勤務を経てここに来た私が感じているのは、在宅看護とは、看護師としての引き出しの数が劇的に増える仕事だということです。それは、看護師として、より厚みが出るとも言い換えられるかもしれません。

利用者さんやご家族によって、どんな生活を望むかは違いますから、これまで自分が持っていた価値観、病院で正しいと言われてやっていたことが、必ずしも通用しません。多様な考え方や死生観に触れることが、自分自身の視野を広げることにもつながっていると、日々感じています。

これからは、まず私自身が利用者さんから信頼され、「あなたに来てもらえてよかった」と言われる存在でありたいです。同時に、そう言われる在宅看護師を増やしていくことも、目標の一つです。人の価値観はそれぞれ違い、得意・不得意が異なることも、私はこの仕事を通してより理解しました。だからこそ、それをチームで補い合い、学び合っていくことが、利用者さんに最適な看護を提供するためには求められるのだと思います。

先輩看護師からのメッセージ

看護師とは「『療養上の世話』または『診療の補助』を業とするもの」と定められています。私が約25年の病院勤務で気付かされたのは、看護師の役割は療養上の世話が大部分を占めているということ。療養生活の中心は生活をしている自宅です。自宅での療養には、生活課題と健康課題があります。その課題解決の支援をする“在宅看護”こそが、究極の看護ではないかと感じています。

私が若い頃には訪問看護という選択肢はほとんどなく、子育てとの両立を考えると、認定看護師としてのキャリアを選ぶのも難しい状況でした。そのため病院勤務が長くなりましたが、これから先、看護師人生の集大成として何ができるかと考えたときに、訪問看護への道に迷いはありませんでした。

病院では、一人の患者さんのケアに十分に向き合えない現実がありました。今は、ナースコールにさえぎられることなく、訪問の1時間を利用者さんお一人だけのために使えることに幸せを感じています。

在宅看護では、看護師としての経験年数はあまり関係がないのかもしれません。もちろん経験が活かされることも多いですが、むしろ、人生経験を積んできた「年の功」が活かされていることを感じます。看護師としての経験が浅い方もベテランの方も活躍できるのが、在宅看護の世界。ぜひ門を叩いていただけたらと思います。

たまふれあいグループ　訪問看護ステーション　課長
大瀧めぐみ

この仕事で磨かれるのは、あなたの〝バンソウ力〟！

たまふれあいグループ　在宅ケア研究会

Chapter 3

在宅看護師としてバンソウ(伴走・伴奏・伴送)する力を磨くのは、「コミュニケーション力」「観察・洞察力」「判断・決断力」。それらの能力は、どのように向上していくのでしょうか。

在宅では、知識・技術を高めることよりも大切なものがある

皆さんは、看護師とはどういった能力が必要な仕事だと考えていますか。看護についての専門知見、または手技の技術？　在宅看護の世界では、必ずしもそうではありません。私たちは、ずばり〝バンソウ力〟が、この仕事をしていく上で欠かせない能力だと考えています。

この仕事に大切な、3つのバンソウとは、Chapter1でお伝えしたとおり、利用者さんやご家族に寄り添う伴走、その方らしい日々をともにつくりあげる伴奏、そして最期のときをともに送る伴送です。これら3つのバンソウを実践するための力を、私たちは〝バンソウ力〟と呼んでいます。

それでは、このバンソウ力は一体どのようにして磨かれていくものなのでしょうか？　本章では、在宅看護師として働くことで身に付く「コミュニケーション

力」「観察・洞察力」「判断・決断力」と、それがバンソウ力につながる理由を、詳しく見ていきます。

まずは、なぜ知識・技術以外の能力が大切になってくるのか、病院の看護師との違いから考えてみましょう。

「キュア」ではなく「ケア」。全方位からサポート

病院におけるミッションは、患者さんの治療です。そのためには、点滴したり酸素を入れたりしますから、当然その管理や医療処置が必要になります。それを担うのが看護師の仕事の一つです。しかし、これまでもお話ししているように、在宅看護の目的は積極的治療ではありません。もちろん、管がついている方もいるので医療処置も必要になりますが、それよりも「家で心地よく過ごすためにはどういうことをすればいいのか」を自ら考えて実行することが求められます。つまり「キュア（治療）」ではなく「ケア」であり、医療処置ではなく、利用者さんに

対する生活面でのケアを行うことが、仕事の中心になります。

もう一つ、病院の看護師と大きく違うのは、同僚の看護師ではなく、ご家族に「ケアの方法」を伝える必要があることです。利用者さんが自宅で快適に過ごすためには、ご家族がケアをできるようになることは欠かせません。

例えば、家で便秘にならないためにはどうしたらいいか考えたとき、普通に生活している人なら水をしっかり飲む、あるいは繊維質のものを食べればいいと思うでしょう。ところが認知症が進んだ利用者さんの場合、自分でそういった判断をすることができなくなります。便秘でお腹が苦しくても、「お腹が苦しい」とも言えずに、ただずっとウロウロしてしまう。そういうときは、ご家族に対して「もし、そわそわしていたら、トイレに行きたいサインかもしれないので、トイレに誘導してみてください」と伝えます。

これらのことは治療ではなくケアです。適切なケアをするためには、その人が普段どのように過ごしているのかを把握した上で、ご家族とともに「この人の症状はこういうときに起きるんだね。ではこうしていきましょう」と判断していきます。すなわち、トリガーを一緒に探してあげるのです。

また、私たちの仕事は「ケア」をするだけでもありません。予防のための抑止力的な存在になる狙いもあります。例えば、面倒だからと毎日血圧や体温を測るのを億劫に思う方もいるかもしれませんが、そんな方が「看護師さんが来るから、血圧を測っておかないと」と、意識を持つことも期待しています。

「次回自分が訪問するまでの間、利用者さんが何事もなく生活できるように整えていく」――。それが、在宅看護師の大切な役割なのです。病院に入院しているときのような連続的な接し方とは異なり、在宅看護は、断続的かつ長い期間、利用者さんやご家族と関わっていくもの。自分が看護に入っていない間の生活も把握し、整えていく必要があります。そのためには、限られた時間で生活全体を見て理解する観察力・洞察力、コミュニケーション力が必要になるのです。

人は、まず生活を整えていかないと、健康的には暮らせません。例えば、心不全で1カ月ごとに入院していた利用者さんがいらっしゃるとします。ご自宅に在宅看護師が入って定期的に生活をチェックすることで生活が整い、1カ月ごとの入院だったのが2カ月、3カ月と間隔が空くようになれば、もちろんご自宅で過ごせる時間が増えます。そのようにして、利用者さんの日常生活を守ることができることも、在宅看護師の仕事の意義の一つといえるでしょう。

「狭く深く」ではなく、周辺知識を幅広く身に付ける

キュアではなくケアをする。それが病院の看護師と在宅看護師の大きな違いの一つですが、ほかにも違う点はいくつかあります。まず、知識の深さと幅です。病院の看護師は、治療に関する知識が豊富です。高度な医療技術をより追求し、専門疾患について深く学んでいきますが、言い換えれば、それは病院の中での知識しかないともいえます。

一方、在宅看護師は、もちろん最低限の医療技術は必要ですが、特定の疾患に関する深い知識というよりも、まずは、疾患全体の幅広い知識が求められます。医療の専門知識がない家族にも指導しなくてはなりませんから、コミュニケー

ション力や伝える力のほうが、知識以上に求められるのです。

利用者さんに応じたケアを考えるにあたっては、医療保険や介護保険のこと、障がいがある方の保険の使い方などの周辺知識も必要となってきます。


つまり、「狭く深い」知識よりも、幅広い知識が求められる仕事なのです。それがあれば、他職種との連携もよりスムーズになります。

幅広い知識を身に付けるにつれて、いろんな種類の〝ざる〟が重なり、網目に引っ掛かるものが多くなっていくようなイメージです。引っかかるものが多ければ、「これは何とかできませんか」「この場合は、もっといいケア方法があるかもしれない」など、専門職に問い掛けることもできるようになります。

たくさんの種類のざる――つまり、幅広い知識をもっていれば、相手のふとした言動から、「家で過ごせる方法」を拾ってくることができるのです。自分の知識や経験が蓄積され、さらに周囲の専門職らの情報を得ていくことで、点と点がつながって次第に面となり、利用者さんやご家族にとって、よりよい道を示すことが可能になるのです。

また、在宅看護の範疇には、個人のお宅や老人ホームなどの施設に医師と一緒に訪問する訪問診療、看護師が主体となって行う訪問看護、そして看多機など施設でのサポートも含まれます。それぞれの「場」は、目的や利用者の傾向も異なるので、ケア方法や接し方が若干異なります。たまふれあいグループでは、どの「場」も経験することのできる仕組みをつくっているので、幅広い知識や体験を得ることができ、最終的には総合的なスキルをもって活躍できるようになります。

次のパートからは、在宅看護師のバンソウ力につながる「コミュニケーション力」「観察・洞察力」「判断・決断力」といった3つの能力について、具体例とともに説明していきます。


仕事を通じてこれらの能力を高めていけば、それは在宅看護師としてのバンソウ力を磨いてスキルアップすることにもつながります。それぞれの能力が一体どのようなものなのか、ひも解いていきましょう。

病院と在宅、看護で求められるスキルの比較

	(急性期)病院での看護	在宅看護
看護の目的	「治療」をする	「生活」を守る
価値観	1分、1秒たりとも命を永らえさせることが普遍的価値	ときに生命予後に反したとしても、個々の患者にとって高いQOLを維持する
対象者	治療が必要な人 ※治療を必要としなかったり、望まなかったりする人は入院対象外	治療の必要性の有無にかかわらず、療養生活が必要な、地域で暮らす人々
患者の生活	24時間、病院での非日常	自宅やデイサービス、ショートステイでの宿泊などの日常
医療・看護行為	医療者が中心であり、「治療」を行う	家族が中心であり、看護を支援しつつ「生活」を守る
患者・家族と共有するもの	ゴール	プロセス

在宅看護に必須な
“バンソウ(伴走・伴奏・伴送)”する力は、
「コミュニケーション力」「観察・洞察力」「判断・決断力」
を向上することによって磨かれていく……

この仕事で磨かれるのは、
あなたの“バンソウ力”!

ご家族、他職種との連携……、基本は「コミュニケーション力」

在宅看護師の大きな仕事の一つは、病院などで看護師がやっていたケアを、ご自宅でもご家族がきちんと続けられるように、わかりやすく指導・サポートすることです。ご家族に伝えるためには、知識や経験に加えて、高いコミュニケーション力が必要になります。

在宅看護師のコミュニケーション力とは、単純に「医療用語を使わない」「親しみやすく接する」だけではありません。どんな言葉を使えば目の前の相手に理解されやすいのか、どうかみ砕いていけばより伝わりやすいのか。自分の持っている知識や想像力を総動員して考える必要があります。それに加えて難しいのは、それを、一人ひとりの利用者さんとそのご家族に合った方法で伝えて、正しく理解してもらうことです。

その家庭に合ったコミュニケーションを心がける

看護師としてコミュニケーションを取る上では、まず、相手が今どのくらい理解できているのかをキャッチしなくてはなりません。

会話を続けていたり、相手の表情を見たりするうちに次第にわかるようになります。伝えた後に、「わかりました」とはおっしゃっていても、実際はわかっていなかったりすることもありますし、どこがどうわからないのかを言葉にできない人もいます。そのような場合は質問を重ねていき、その人がどこまで理解しているのか、何を理解したかったのかを探っていきます。観察力と洞察力にも通じますが、会話の中で相手から戻ってきた言葉や表情から、いかに多くの情報をキャッチできるかがポイントです。

説明しながら一緒にやったとしても、次のときにできないようであれば、それはご本人にとって難しいということ。では、どうすればよいのかを考えることになります。相手によっては、それはなかなか難しく、同じことを根気よく繰り返していくしかありません。ご本人やご家族との信頼関係を築いていき、地道にコミュニケーションを取り続けます。

これが病院の場合は、「病院側が伝えたいこと・伝えるべきことを伝える」という一方向的な伝え方になりがちですが、在宅ではそうした接し方だと不十分です。同じフィールドにいるのですから、同じ目線で相手にわかるように伝えることが大切です。わかる・わからないレベルは人によってそれぞれ異なるので、「この人になら、こう言えば理解してくれるだろう」と推測して、工夫して伝えていきます。

例えば「とろみのつけかた」を教える場合。嚥下障害のある方が病院から退院するときに、ご家族は栄養士さんから栄養指導やとろみの付け方を習います。ところが、自宅に戻るとできなくなってしまうことも少なくありません。病院で「一カップ200㎖の水に大さじ一杯のとろみの素を入れて混ぜて……」と教わっても、計量カップや大さじのない家もあるので、言われたとおりにできないのです。

そんなときは、ご自宅にあるコップに印を付けて「このコップにこの印まで水を入れたら、このスプーンでとろみの素をすりきり一杯入れて、あとは混ぜてちょっと置いといてくださいね」と伝えます。そうすれば家族はとまどうことなくできます。

その家に合ったやり方を私たちが見つけて、一緒に考えていく。それはまさに、在宅看護師として伴走することだと言えるでしょう。

生活を支えるためには、仲間との情報共有も重要

在宅看護師の仕事は、他職種とも連携を取っていくものですので、一緒に働く仲間とのコミュニケーションも大切です。特に、利用者さんやご家族への対応は、関わるスタッフ全員で統一する必要があります。なぜなら、対応が異なると、利用者さんを混乱させてしまうからです。

例えば、訪問診療と訪問看護の両方を利用している人に対し、訪問看護のほうであえてリハビリのためにボタンを自分で留めてもらっていたとします。ところ

が、診療の看護師や医師が、ご本人の代わりにボタンを留めてしまうと、利用者さんは「あ、留めてもらえるものなんだな」と思ってしまい、利用者さんの練習する機会を奪ってしまうことにもなりかねません。この場合は「今はご本人が頑張っているところですので、時間が掛かってもご自身で留めてもらってください」という情報を、関わるスタッフに共有する必要があります。そしてご本人には「今練習中だから頑張りましょうね」と看護師が声を掛けて、〝自分でできる〟ようにするのがよりよい方法です。

訪問診療に訪問看護、看多機などの施設で会う看護師。それぞれの看護師は組織的には所属が異なりますが、利用者さんにしてみれば、同じ「看護師さん」。ですから、そこで情報共有ができず連携が乱れてしまうと、せっかく回復に向けて頑張っているご本人の努力が水の泡になってしまいます。

また、利用者さんから「こういうことがしたい」と希望があったとき、難しく思えることだとしても、他業種のスタッフと上手に連携することで実現に結び付くこともあります。こうした伴送を底支えするのもコミュニケーション力です。

倫理観を押し付けず、みんなが納得できるように

ご本人ができるだけ快適に自宅で暮らせるようにサポートすること、そしてご家族がご本人を支えられるように支援するのが私たちの仕事ですが、こちら側の倫理観を押し付けないよう、気を付けなければなりません。

在宅の現場にいると、ケアはすべてこちらにお任せで、最期が近くなっていることを知らせても、ときに素っ気ない反応をされることもあります。そんなときでも「自分を育ててくれた親なのだから最期ぐらい」など、私たちの思いは押し付けないようにしています。

家族、親子にそれぞれの歴史があって、その中で関係性が築かれています。家の中に入る看護師であっても、家族の歴史を共有していない私たちが一方的に価値観を押し付けていては、伴走することはできません。家族の価値観を、まずはそのまま受け入れることが大切だと思っています。

「健康で生きていたい」と願うのは、ある程度普遍的な価値観だと思いますが、

最期が近くなってきたときどうするか、お看取りをどうするかということを、ご家族が納得できるように導くことが、私たちの果たす役割の一つだと考えます。

そして、「支えている側」をいかに支えていくかも、在宅看護師が担う課題です。それまで「支えている側」だったご家族が、支えられている側を亡くしたとたんに気力を失い、何もできなくなってしまう。そんなケースはよくあります。支えている側は、「自分が支えなくては」という気持ちがあるからこそ、頑張ろうと思える。支えているようで、同時に支えられてもいるのです。

そのために私たちができることの一つは、支えているご家族に対して、必ずしも完璧なケアを求めるのではなく「ケアをしている」実感をもっていただくようにすることです。

例えば、服のボタンを掛けてもらうのを、ご家族に手伝ってもらうとき。ボタンを掛け違っていたとしても、ご本人からの「ありがとう、助かったよ」などの言葉があれば、ご家族の心は安らぐでしょう。できることは取り上げないで、あえてやるようにしてもらう。完璧にできなくてもよいのではないかと考えています。

そうしてご家族と関わっていると、のちにこんな言葉をいただくことがあります。「自分たち家族のことまで気を配ってもらったから、在宅を続けることができました」と。すると、こちらの心も温まりうれしくなります。「この仕事をしていてよかった」と思う瞬間です。

このように、利用者さんやご家族と信頼関係を築くためには、どのように何を伝えるのかを考え、必要に応じてさまざまなスタッフと連携する、高いコミュニケーション力が大切です。しかし、実際に働く在宅看護師の全員が、最初からこのコミュニケーション力が抜群に高かったわけではありません。悩んだり迷ったり、一緒に働く看護師の働き方から学んだり、働きながらどんどん磨かれていく力でもあります。そうして育った高いコミュニケーション力は、在宅看護師のバンソウ力の強い土台となってくれるのです。

見えないものを〝見る〟ために「観察・洞察力」を鍛える

在宅看護師の現場は、利用者さんの生活の場である家です。利用者さんが自宅で安心して過ごせるよう、あらゆることをマネジメントしていく必要があります。そのためには、看護に入る限られた時間、〝在宅看護師としての目〟で素早くその場を観察し、情報を得て、そこから推測をしながら利用者さんの課題を解決していく「洞察力」が必要です。

前のパートでご紹介した「とろみ付け」のように、病院からご自宅へ退院された後など、環境が大きく変わった利用者さんは、生活環境を整えることに苦労されることがあります。その原因の一つは、これまで病院には当たり前にあった専用の器具や道具が、生活空間である家の中にはないこと。そこで在宅看護師は、家の中や利用者さんやご家族の様子をよく観察し、そこから洞察力を使って、目に見えない課題を見極めます。

Chapter1でご紹介した、ごみ箱から薬が入ったままの薬包を見つけたことから薬を飲めていないない真実にたどり着いたのも、観察・洞察による結果の一例です。高い洞察力が身に付いていけば、このようにして、目に見えるものだけではなく、目に見えないものも〝見える〟ようになるのです。

在宅看護において「この家には何があるのか」「代用できるものは置いてないか」と、ハード面（目に見えるところ）から考えていくことも必要ですが、それ以上にポイントとなるのは、「この人なら、この家族なら、どこまでできるのか」といったふうに、利用者さん、ご家族の内面（目には見えないところ、ソフト面）まで推測すること。ハード面から考えるにあたっては、ご本人やご家族にたずねるなど、コミュニケーション力を使うことから始まりますが、ソフト面を考えるにあたっては観察して推測する、洞察力を使います。

自宅で看ていく上では、経済的負担が増えないことも一つのポイントです。病院の場合、例えば介護食が必要になったとき、「これを買ってください」などと一食500円するものを指定されることもあります。それを毎食買い続けるのは難しいご家庭も、もちろんあります。そうすると、どんなことが起きるでしょうか。2人で、2食だけを分け合って召し上がっていたケースもありました。

用具の購入、例えば介護用の洗浄ボトルも、病院で使うとなると一つ800～900円もするのですが、生活の状況によっては、それを買うのをためらう家庭もあります。そのときは自宅を見まわし、その代わりに何が使えるかを考えます。一つひとつの家庭にあったやり方を考えるためには、まずは洞察力を使って、その家庭を見極めることが大切なのです。

このようなきめ細かい個別対応は、治療を最優先する病院では難しいことです。しかし在宅で洞察力を発揮し、利用者さんの暮らす環境や状況、家族の考え方など、生活を全方位から見ていれば、その人にとってよい方法を提案できるようになります。

物事を一方向からだけ見ているのでは、その反対側がどうなっているかは、見えていないからわかりません。でも、在宅看護師としての経験を積んでいって、別の角度から見る機会を繰り返せば、そのものの全体像を知ることができます。すぐには全体を見られないにしても、「向こう側にはこういうものがあるかもしれない」と想像できるようになります。このように、想像して推測していくことで、在宅看護師としての能力の基礎が育っていくのです。

「してあげたいこと」よりも、「するべきこと」をする

利用者さんの容体が急変すると、新人の在宅看護師が慌てて「利用者さんが、今すぐ病院に行きたいと言っています。すぐに受け入れ先を探してもらえませんか」と、ソーシャルワーカーに指示することがあります。その「病院に行きたい」という言葉は「事実」ではありますが、はたして利用者さんは本心から病院に行きたいのでしょうか。その言葉が真実かどうか、経験を積むと、一度立ち

止まって考えるようになります。

「これ以上、家族に迷惑をかけたくないから病院に行きたい」あるいは「とにかく不安で仕方がないから、いつでもナースコールできる環境に」という思いで発言される方もいます。利用者さんの、目には見えない本音を見つければ、提案できる選択肢は病院以外にもあります。相手の本音はどこにあるのだろう、と立ち止まって「真実」を見極めます。物事を多面的から見て、洞察力を働かせれば、言葉を額面どおりに受け取るだけではなく、その裏にある気持ちまで掘り下げられ、一層寄り添えるようになるのです。

以前、こんなことがありました。「明日はお休みなのですが、利用者さんが心配なので、ちょっと出てきて訪問してもいいですか?」。熱心な、若手看護師からの相談です。

そのとき看護部長はこうたずねました。「それは、利用者さんが不安だから、来てほしいと言っているの？　それとも、あなたが心配なの?」と。そして続けます。「あなた自身が心配しないで済むように、今日訪問したときに、ちゃんと整えてきてくださいね。利用者さんが不安そうなのであれば、行くことはとめません。ただし、あなたの心配で行くのはだめですよ」と。

主観的に考えるのではなく、相手の気持ちを尊重すること。バンソウするために必要なこの考え方も、相手の状況や思いを推し量る、洞察力があってこそのものです。

この仕事で磨かれるのは、
あなたの“バンソウ力”!

現場で決めるのは、あなたです。対応を決定する「判断・決断力」

病院では、治療の最前線に立って働いていたベテランの看護師が、訪問看護の世界に来てみたら、「あれ、私、何もできない……」と思ってしまうこともよくあります。病院では医師の指示にしたがって動くことがミッションでしたが、在宅では自分で考え判断し、動くことが求められるからです。在宅で働き始めると、最初はその難しさに悩む看護師は少なくありません。今まで経験していなかったのだから、それは当然のことでもあります。

在宅においては、自分で判断する力のみならず、瞬時に判断を下す「決断力」も大切になります。

利用者さんの体調が悪くなって、看護師が訪問に行ったとき、医師に来てもらって往診だけで対応可能なパターンと、救急車を呼んだほうがよさそうなパターンがあります。救急車を呼ぶパターンの中でも、ご家族が私たちに対して何を求めているのかを考えなくてはなりません。

「先生に来てもらっても、結局のところは救急車を呼ぶ可能性がある」「ご家族としては治療を望んでいる」「ご家族はできるだけ家で過ごさせたいと言っている」「でも、今の状況だと、ご家族が自宅で看ることは難しいと思う」「そうであれば、病院に行ったほうがいいのではないか」といったように、網羅的に考えた上での、瞬間の判断力が求められます。

治療・診療については、医師が患者さんや疾患の状態から判断します。しかし、医師が「この疾患の状態であれば、ご家族と家にいられる」と判断したとしても、実際には家族全員が毎日仕事をしているから、ケアすることは難しいなど、生活の状況とマッチしないことがあります。在宅看護師は、そうした生活面までを包括的に見て「判断」し、「決断」していきます。

それは現場を知っているからこそできることで、言い換えれば、在宅看護師にしかできず、在宅看護師が輝ける場面ともいえるでしょう。

「在宅」では看護師もリーダーシップを執れる

訪問診療で、看護師が医師に同行しているときも、「この家はこれ以上の介護が難しそうだから、搬送を検討したほうがよいと思います」「ここは訪問看護も入っているし、ヘルパーさんもほとんど毎日来ているし、ご家族でできると思いますよ」などと、医師に進言することがあります。

医師に対してそのように発言することは、ほかの病院から移ってきたばかりの看護師の場合、戸惑いを感じるはずです。病院組織では医師がリーダーとして動きますから、看護師がリーダーシップを発揮する機会はあまりありません。

病院と在宅とでは、判断に求められるファクター（要素）が違うのです。病院での判断基準は、医療に関する要素がほとんどなので医師が判断します。しかし、生活をサポートすることが目的の在宅看護では、医療要素だけでは判断できません。生活に関するさまざまなファクターも総合的に見て、判断しなくてはなりません。病状はもちろん、家族の状況や介護力、場合によっては部屋の間取りや家具の配置、食習慣など、判断の要素は多岐にわたります。それらを全面的に見られるのは在宅看護師しかいません。

だから、看護師であってもリーダーになれるのです。言い換えれば、看護師としてリーダーシップを執る、大きなチャンスがある世界なのです。

最初は「そんなこと先生に言ってもいいのかな」と戸惑う看護師ももちろんいます。けれども周囲のスタッフのフォローに加え、先生たちも「この人は家でできるかな?」などとこちらに相談してくれます。看護師の視点からの意見が、求められています。

悩むのは、責任が芽生えたから。あなたの成長の証し

利用者さんを、病院に連れて行くかどうかを判断するとき。「連れて行かなくてはならない状態なのか」「そうではない状態なのか」をスピーディーに判断しな

いと、利用者さんの身体的な負担も、経済的な負担も増えてしまいます。都度「どうしたらいいでしょう」と医師に判断を任せる、いわゆる「指示待ち」では、在宅の患者さんにプラスになることはありません。自分で判断して動くことは責任も伴いますが、これまでの組織で「自分は、こうしたらいいと思うのに」ともどかしく感じることがあった方にとっては、大きなやりがいになるでしょう。自分で考えて行動したことによって、患者さんが問題なく過ごせているのなら、それは看護師としての自信につながります。

判断をすることは、責任を負うことでもあります。働く中で、自分の決断を振り返り、「あれでよかったのだろうか」と悩むことも多いでしょう。それは、自分が責任を負うという、自覚の芽生えであるといえます。

経験を積めば不安は解消されるかというと、むしろ経験を重ねるほどに、悩みは尽きません。しかし、それは視野が広がっている何よりの証拠であり、立派に成長している証しです。

この仕事は「これはこうやればこうなる」などといったパターン化には馴染み

ません。自分で考えながら、自分の熱意次第でどこまででも成長できる、魅力的で意義のある仕事だと実感しています。看護師としてはもちろんですが、一人の人間として生きていく上での知恵や感性、スキルまでが磨かれる、奥深い職業です。それらのスキルが、バンソウする力を高めていきます。

看護師として、どう「キャリアアップ」する？

医療の世界は、管理職としてキャリアアップする仕組みはありますが、専門職としての技術・スキルを磨いて、スペシャリストとしてキャリアアップする仕組みは、あまり整っていません。

看護師の場合、専門的なスキルを極めたいのに、キャリアの選択肢が少なく管理職となってしまい、看護師としての力を発揮し伸ばす機会を失い、泣く泣く病院を辞めてしまうケースもあります。看護師長は病院勤務時代に、そうして辞めてしまう人たちを見ていて、とても残念に感じていたそうです。

たまふれあいグループでは、2本立てのステップから成る「キャリア・ラダー」を用意しています(左ページ参照)。管理職へと進むキャリアを目指す道と、スペシャリストとして技術を磨く道です。どちらの道でもステップアップを図れるような仕組みにしました。

最初の3年間は基礎スキルを修得し、4年目から分かれます。看護師としてのスキルは、ステップアップしているのが可視化されづらく、そのために離職してしまう人もいました。私たちは、1から6までのレベルを設定しています。

どこの業種・職種でも、離職は3年目が多い傾向にあります。3年勤めれば、何となく「やった」と思ってしまいがちなことと、看護の世界ではやはりその先のステップが見えにくいことが一因ではないかと思います。けれども、左の「キャリア・ラダー」のとおり、学ぶべきことはありますし、これに準じてステップアップしていけば、今自分がどの位置にいるのか、これから身に付けるべきことは何なのかが見定められます。先のキャリア、目標を意識しながら、一歩ずつ着実に、在宅看護師としての歩みを進めていける仕組みです。

たまふれあいグループのキャリア・ラダー

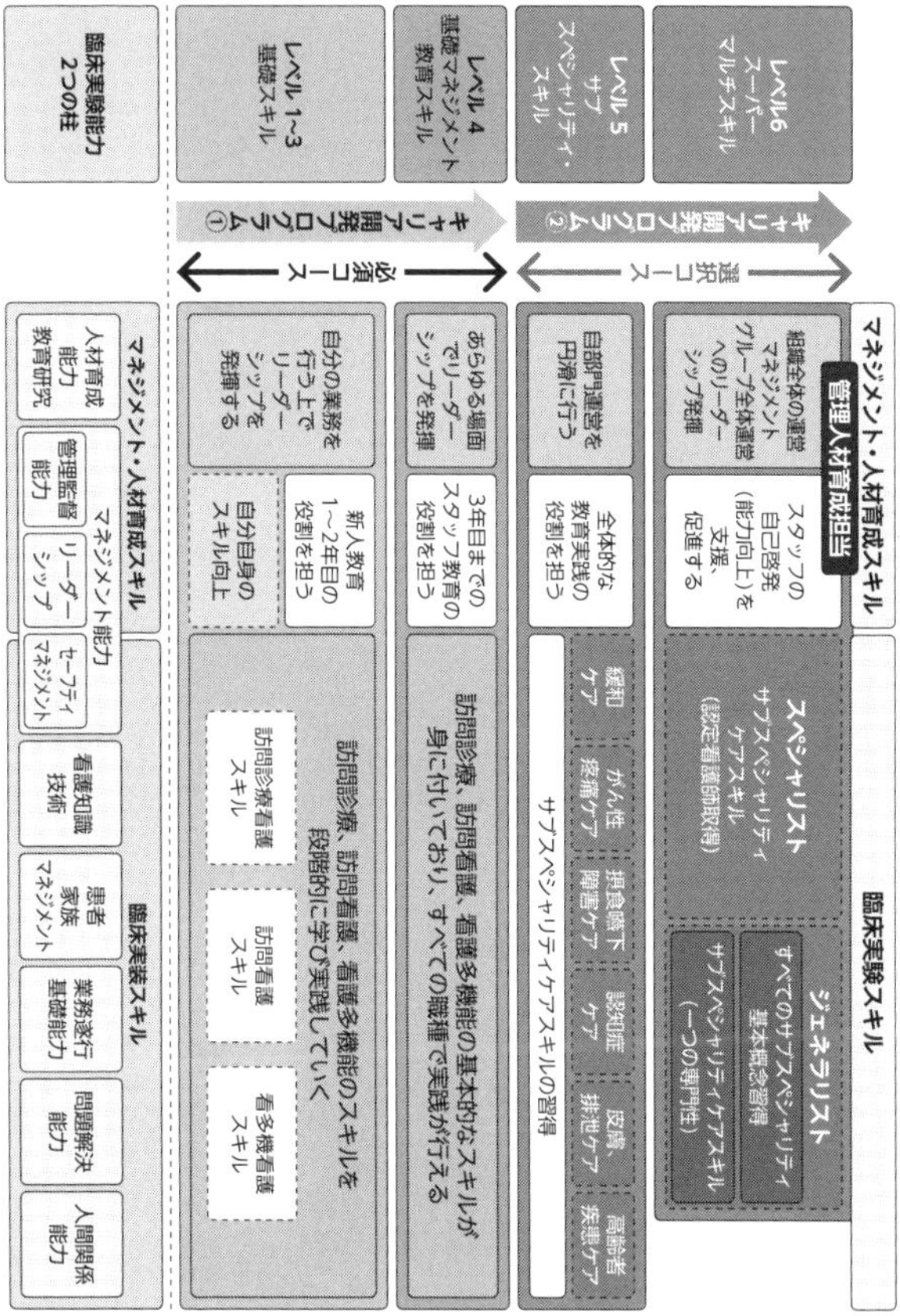

この仕事で磨かれるのは、
あなたの“バンソウカ”！

Chapter 4

ご家族から見えた、在宅看護師の価値とは

利用者さんのご家族

私たちが考える在宅看護師という生き方は、利用者さん・ご家族の気持ちに寄り添えているのでしょうか。ご家族から見た在宅看護師の姿について、お話をうかがいました。

「家で一緒に過ごしたい」——仕事をあきらめず、かなえられた

息子さんと同居されていたYさん。誤嚥性肺炎を繰り返して病院へ入院し、退院後はご自宅で過ごされました。認知症状がありましたが、食べたい意欲が強く、最期までご自身の口から食べることができました。

息子さんは仕事をされていたこともあり、Yさんは当グループの看多機と訪問診療を利用されていました。「看護師やスタッフさんが自分たち親子に伴走してくれた」と、当時のことを振り返ります。

——お母さまを在宅で看ようと考えられたきっかけを教えてください。

足腰が弱くなった母が、ある日骨折してしまい、総合病院へと入院しました。退院時、リハビリをしても歩けるようになるのは難しいだろうと言われ、最初は

特別養護老人ホーム（特養）に入居しました。ところが1週間も経たないうちに、特養の医師に肺炎と診断され、総合病院に再入院することになったのです。退院後のことを考えて、療養型病院をいくつか見学に行きましたが、コロナ禍の状況下だったこともあり、病院に入ってしまうと面会があまりできないことがわかりました。私自身、それは避けたい気持ちが強かったです。

なるべく長い時間、母と一緒に過ごしたい。自分は仕事をしているけれど、自宅で母を看ることはできるのだろうか……。そんな思いを総合病院の看護師さんに伝えたところ、たまふれあいグループの看多機を紹介されたのです。

――「看多機」という施設のことはご存じでしたか？

実はそれまでまったく知らなかったのです。実際に利用しながら次第に知るようになりました。療養型病院など、ほかの施設とも比較しましたが、今振り返ってみても、自分で家族の面倒を看たい人にはこれがいちばんよい方法かもしれないと思いました。

――具体的にどう利用されたのでしょうか？

私は、平日フルタイムで仕事をしています。休日は家で母と一緒に過ごし、平日のうち半分程度、看多機への宿泊を利用。そのほかの平日は、通所で看多機を利用しました。出勤前、おむつ交換を毎日行っていましたが、平日は、これまでどおり仕事に行くことができていました。

訪問看護に来てもらう日は、私が母を正しくケアできているかの確認もしていただきました。おむつ交換の仕方や食事の内容、着替えのやり方、車いすへの移乗など、丁寧にレクチャーしていただき、痰吸引のやり方も教えてもらいました。もちろん、大事なところは看多機の看護師さんがやってくれていたので、自分は母と一緒に家にいながら、安心して過ごすことができました。

――ご自身でケアをすることに、不安はありませんでしたか？

もちろん、最初は不安がありましたよ。でも、看護師さんが細かくレクチャーしてくれるので、次第に慣れていきました。パルスオキシメーターで酸素の値が低かったり、あるいは喉がゴロゴロしていたりしたら、痰があるな、苦しそうだなということがわかります。その数値や状態を見ながら、吸引していました。看護師さんからは、「安定する数値になったかどうかを確認すること」など、具体的な手順を教わりました。

そうした手技を指導してもらえることで、家族の介護に積極的に携われるのが、看多機のよいところですね。

――看多機や訪問看護を利用して、病院との違いはどう感じていますか？

何事も、母を中心にして柔軟に対応していただけることでしょうか。実は看多機を利用するようになってからも、肺炎で少しだけ病院に入院したことがあるんです。それ以降、肺炎にならないように誤嚥対策、つまり、とろみを付けた食事（とろみ食）に移行するようになりました。母は何でもよく食べ、食欲も旺盛だったので、スプーンが小さいと、「どうして自分ばっかり大きなスプーンなの？　私のはこんなに小さいスプーンなのに」なんてことも言われるほどでした。

誤嚥性肺炎になりやすい状態なので、とろみ食を食べさせなければならないのですが、お話ししたように母は食欲旺盛なものですから、「もっと食べたい」となってしまうのです。そんなときでも、病院では「これ以上悪くなってはいけない」大前提があるので、決められた食事と量は厳しく管理されるのですよね。でも、在宅では、看護師さんが本人と、家族である私の気持ちを聞きながら状況にあった対応をしてくれました。そこが大きな違いだと思います。

本人にとっては「食べたいものを食べられた喜び」があったのかもしれませんし、私としても、母が望むように食べさせてあげる経験ができました。

母は自分にとっては親ですが、食事を手伝っていると、逆に子どものように思えていとおしく、こうして振り返ると、本当にいい日々だったなと感じています。

――看護師やスタッフとの関わりで、思い出されることはありますか。

わが家は、訪問診療を月に2回、訪問看護を週に1～2回利用していました。それ以外にも、看多機の介護士さんに送迎をしてもらっていました。送迎車から自宅のベッドへの移動をお願いしていたのですが、その際にシーツをとてもきれいに伸ばして寝かせてくれていたので、「そこまでやってくれるのか」とびっくりしました。

あとから聞いた話ですが、シーツがしわくちゃになっていると褥瘡《じょくそう》ができやすいのだそうです。細かいことですが、そうしたところまでよく気を配ってくださっていたことを頼もしく感じました。母も、皆さんから愛情深く接していただいていましたし、いろいろな分野の専門職の方が連携して家族の介護・医療に当たってくれているんだなぁと、実感しました。

特別な出来事がない日でも、スタッフの皆さんは、必要なアドバイスを必要なときにしてくれていたので、「いつも、母と自分をそばで見てくれている」という心強さがありました。母の看護に関してはもちろんですが、私自身の生活に関しても、気に掛けてもらっていたように感じます。また、訪問日にあわせて「あ、今日は看護師さんが来るから掃除しなきゃ」と思うなど、私自身の生活のペースメーカーにもなっていましたね。

——利用してよかった、と思うことをあらためてお聞かせください。

最初は、介護と仕事を両立できるイメージが湧かずにいたのですが、実際には、どちらかを選ばなければいけないような状況にはなりませんでした。母の生活全体をケアしてもらっている中で、自分は可能な範囲で参加する感覚です。

いろいろと振り返れば、「もっとこうすればよかったなぁ」という気持ちも、ないわけではありません。ただ、もし家で看ることをせずに療養型病院に入院させていたら、自宅でともに過ごす時間はなかったですし、看多機を利用することで、大切な母を近くで看ることができてよかったと、あらためて思います。

自宅でも看多機でも、私や母が孤立してしまうことがなく、常に切れ目なく、目を配ってもらっていました。看護師さんに家族の状況を相談すれば、できることを一緒に考えてもらえます。自分たちの生活にあった仕組みを編み出してくれたので、無理なく最後まで看ることができたんだなと感じています。

自分にとっては、看護師さんたちが来てくださるのが日常だったので、まるで家族や親戚のように思っていました。今でも、近所で送迎車を見掛けるとあの日々を思い出しますし、母が亡くなった今、当然のことですが、皆さんが来なくなったことが少し寂しくて、まるで胸にぽっかりと穴が開いて、チェーンが外れたような感じです。

——食べるのがお好きなお母さまだったとのことですが、食事はずっと食べることができたのでしょうか？

はい。看護師さんのサポートもあり、口から食べることを続けられました。最後の1、2カ月は流動食を受け付けなくなってしまったので、薬局からもらう栄養剤にとろみを付けて、吸うような形で栄養をとっていました。もっと早い段階から点滴だけだったり、胃ろうになってしまったりする可能性もあった中で、母は最後まで、自分の口から食べられました。母の「食べたい」気持ちを尊重できて、本当によかったと思います。

そして、身体的に問題がなくても、人は栄養が吸収できなくなると、だんだんと死に向かっていくのだと、自分自身、母の食事を手伝いながら、ゆっくり受け入れることができました。

――お看取りをどのように迎えられましたか。

看多機に滞在していたとき、「呼吸が安定しなくなり、長くないかもしれない」と連絡を受けました。その日は泊りで利用する予定でしたが、急遽家へ帰ることに。すぐにほかの家族を呼び寄せ、家族一緒の時間を過ごしました。翌日は仕事があったので、休むか看多機を利用するかを看護師さんと話し合い、母の性格から、私が仕事に行くことを望んでいるのではと思いました。私は仕事に行き、その夜、母は看多機で息を引き取りました。連絡をもらってまだぬくもりがある段階で看多機に駆け付けることができて、看護師さんと一緒に母の体を拭いて看送りました。最期の瞬間は手を握っていたかったな、という後悔もありますが、お世話になった看多機のスタッフさんと最後のケアをご一緒できたことは、心に残っています。たくさんかわいがって、育ててくれた母。仕事を辞めることなく、家で一緒に過ごせたあの日々は、かけがえのない、貴重な時間でした。

看護師のリーダーシップのもと、家族みんなが一致団結

奥様を看送られた後、実家で一人暮らしをされていたMさん。健康診断ですい臓がんが見つかってからは、長男さんと次男さんが、かわるがわるMさんのご自宅で看ていました。当グループの訪問診療と訪問看護の利用は2カ月弱でした。

月〜金は、訪問看護と他施設のヘルパー、土日はご家族で看る体制です。兄弟お二人を中心に「できる人ができることをやろう」という気持ちで家族が団結し、最期までお父さまと過ごされました。

――お父さまをご自宅で看ることに決められた背景を教えてください。

長男　もともと健康には留意していた父でしたが、あるとき、健康診断の結果、

すい臓がんであることがわかります。慌てて自分たち兄弟も病院に駆け付け、医師に話を聞くと、余命半年と、宣告がありました。

次男　がんが見つかった大学病院での対応は、想像以上にドライなものでした。余命に関してもさらりと宣告され、まずはこれから一体どうやって過ごすか、何をしたらいいのか、何もわからない状態です。

それまでに看送った家族は、家ではなく、施設か病院で亡くなっていました。その様子を近くで見ていた父が当時「さびしいよなあ」と言っていたことを思い出したのです。余命宣告の後に本人がはっきりと口にしたわけではありませんが、最期は自宅にいることを望んでいるのだろうなと感じました。

がんが判明して、父にこれからのことを聞いたところ、「治療はもういいから」と言うので、その気持ちを尊重していこうと、兄弟で意見がまとまりました。病院に入るにしても、距離や時間の問題で、何かあったときに自分たちが駆け付けられないこともあり得ます。家族で協力し合い、自宅で過ごせるようにしよう、と決心しました。

長男　宣告の後も、父は「わが人生に一点の悔いなし」なんて、かっこいいことを言っていましたね。私たちは最初、がんの緩和ケアを受けるにはどうしたらいいのだろうと思い、何から始めればよいかわからなかったものですから、地域包括支援センターをたずねました。そこでさまざまな選択肢の説明を受けたあと、余命宣告をされている父のことを思うと焦りと不安でいっぱいだったもので、すぐにでも話を聞きに行こうと、その足でいちばん近い施設に向かいました。それが、たまふれあいグループの看多機だったのです。そして相談の結果、看多機ではなく訪問診療と訪問看護を利用することになりました。

在宅でお世話になる上で、同じ地域にあることは決め手の一つでした。病院であればナースコールを鳴らせばすぐに対応してもらえますが、自宅ではそうもいきません。家に病気の家族がいる大きな不安の中、近くでオンコール対応をしてくれるという存在は、心の支えになりました。

――具体的には、訪問診療と訪問看護をどのように利用されていましたか？

長男　父は実家で一人暮らしをしていましたが、病気の宣告後、まず自分が実家に寝泊まりして実家から仕事に通うことにしました。月2回の訪問診療と、最初は週1回の訪問看護を、病気の進行に伴って回数を増やしながら、最終的には週2、3回利用していました。それと、他施設のヘルパーさんにも平日は来てもらっていました。

次男　訪問で入っていただいた医師や看護師の皆さんからは、在宅でいろんな患者さんと関わっている経験から、医療的な視点だけではなく、生活環境を整えていくためのアドバイスまでいただき、自宅でもこうやってしっかり看てもらえるんだと、安心感につながりましたね。

長男　家族は迷いがある中で、日々たくさんの決断をしなくてはなりません。初めてのことばかりでどうしてよいかわからないとき、看護師さんはただサポートするだけでなく、リーダーシップを執って、私たち家族を導いてくれたように感じています。

がんが進行して末期に近付き、父の様子が変化するにつれ、それを目の前で見ている私たちの気持ちにも、揺らぎや迷いが生まれていきました。そうしたとき「今、お父さまはこういった状況です」「今後はこうなっていきます」「こうしていきましょう」という看護師さんの頼もしい言葉と導きが、支えになっていました。「間違っていない」「自分たちは、これでいいんだ」と安心できるようになったのが、とてもありがたかったですね。

また、これは当たり前のことなのかもしれませんが、薬の調整も的確だったと感じています。病院だと一律的な対応になることが多いようですが、そのときどきで父の様子を見ながら、臨機応変に処方をしてくれました。例えば、処方する薬に優先順位をつけてくれたおかげで、父から「痛い」という言葉を聞くことは、最期までほとんどありませんでした。病院で亡くなった母の、痛くてつらそうな姿とは対照的でした。

――「病院に入ったほうがいいのでは」と思われた時期もありましたか?

次男　病院に入院していれば、ナースコール一つで看護師さんが駆け付けてくれるのは大きな安心感があると思います。ただ、父は自分の住み慣れた場所でずっと過ごせる喜びがあったはずなので、父にとってはそれが正解なのではないかなと感じていました。ですから、最期も病院でお世話になるよりは、住み慣れたところで過ごすのがよいとは思っていました。

長男　私は、父の容体が変わると、今からでも病院に行ったほうが、と心の声が出て来ては、つい医師にすがりたくなることもありました。いくら覚悟をもって「自宅で看る」と決めていても、ときどき、迷いは出てきます。だからこそこういう制度、訪問診療と訪問看護、ヘルパーさんなどを組み合わせて生活全体を見てもらい、いろんな方面から相談に乗ってもらえるという、在宅看護の仕組みに助けられたな、と思っています。

次男　短い期間ではありましたが、いろいろなサポートをしてもらいました。先にお伝えしたように、父のがんが見つかったときは、100％の不安からスタートしました。それが、徐々に「安心」へと変わっていったのです。訪問でいらした在宅看護師さんや医師とのやり取りを通して、ある時期から「わからなかったり、不安になったりしたときは、その気持ちを伝えて、正直にたずねればいいんだ」と気付いたからです。それで肩の荷が下りて、自分自身が「大丈夫だ」と思えるようになっていきました。

一瞬一瞬、納得しながら前に進むことができたので、自分たちが考えて選択してきたことに対して、後悔はしていません。迷ったら看護師さんに聞けばいいし、聞けば教えてくれる。その安心感が、自宅で看ると決めた私たち家族の決断を、支えてくれました。

――今、思い出されるエピソードがあれば教えてください。

次男　亡くなる前の日に訪問看護師さんがちょうど来てくださっていました。その頃は父の体調が思わしくなかったため、自分と妻子、兄の妻も父の家にいました。父は黄疸も進み、むくみもありましたが、体をさすると気持ちいいと言うので、みんなで順番にさすっていました。すると、看護師さんが「お父さんの頭を洗ってみます？」と提案するのです。「え？　動くことさえ難しいのに、お風呂場に行けるの？」と最初は驚きましたが、看護師さんがペットボトルで手づくりしたシャワーや、水がこぼれても大丈夫なように広げたおむつを敷布団の上に敷くなど、てきぱきと準備してくれました。なるほど、工夫次第でできるものなんだな、と驚いたことを覚えています。

いい香りのするシャンプーを使って、寝ている状態の父をみんなで洗髪しました。看護師さんは手慣れていて、自分たちも教わりながら洗ったら、父はすっきりした感じでとてもうれしそうな表情でした。家族みんなの思い出です。

長男　関わってくれた看護師の方は皆さん洞察力が強くて、行動だけではなく、掛けてくれる言葉の一つひとつにも安心感を覚えました。人は本来、自分の弱みを見せたくないものだと思いますが、私たちの表情や行動に不安がにじみ出ていたのかもしれません。そんなときはすぐさま察知してくれ、タイミングを見て、安心させるような言葉を掛けてくれました。

次男　看護師さんが父に「若い頃は厳しかったんじゃないですか」と冗談交じりに話し掛けていたことがあり、そのとき父は懐かしそうに笑って返事をしていましたね。私も、子どもの頃を思い出して、つい笑ってしまいました。

洗髪にしても、家族は「寝たままではできない」と思い込んでいるから、洗髪をしてあげたい気持ちはあっても、方法が思い付きません。ちょうどそんなタイミングで、意外なアイデアを提案してくれて、とてもうれしかったですね。

長男　家で看る上では、設備環境も大事です。以前から手すりや簡易ベッドは使っていましたが、実は亡くなる少し前に、高さも調整できるベッドに切り替えました。すると父は「寝心地がいいなあ」と満足そうでしたね。これは、在宅看護師さんのほうから、うちに来ていた別施設のケアマネジャーに連絡して、必要なものなどを提案していたそうなんです。連携がよく取れているんだと知りました。そうしたことから、日中自分たちが不在だったときの不安感はまったくなかったです。家族としても安心して、生活が送れていました。

――ご自宅で最期まで看られたことを今振り返って、思うことはありますか？

長男　在宅看護や自宅での看取りは、話としては聞いたことがありましたが、実際に家族として立ち会わないと、まったくわからないことだらけだなと実感しました。「家で」「最期まで」と決意をすることによって、家族も一つになったように思います。ポイントだったと思うことは、みんな無理はしていないということです。父のためを思って「これがしたい」となったとき、それぞれが「これなら協力できる」と少しずつ力を出し合い、進めてきました。その中で、実現に向けて的確なアドバイスをくれたのが、在宅看護師さんでした。

家族みんなで輪になって団結しているところを、外側から看護師さんが包むようにしてくれて、より結束が強くなる。そんなイメージでした。

次男　家族はみんな、本当に頑張ったと思います。それぞれがやれることを全力でやっていたので、悔いはあまり残っていないんです。

また、いつでも誰もが好きなときに父に会いに来られることもよかった。これが在宅看護のよさの一つですよね。そうそう、一度、子どもたちも一緒に、家族みんなで庭でバーベキューをしたんです。家族に囲まれた父はとてもリラックスしていて、そのとき撮った写真がすごくいい表情なんですよ。そのとき父はもう肉を焼くことなんてできませんでしたが、孫やみんなが楽しそうに焼いている姿を見て、うれしかったのでしょうね。そうした何げないひと時も、自宅だったからこそと、今振り返って思います。

長男　弟が言うように、家族はそれぞれ自分のタイミングで、できる範囲で父の介護に関わっていました。「やりきった」という気持ちもあり、父が亡くなったことは悲しいのですが、単なる悲しみとは、何だか違う気がしています。

ご家族がバーベキューを楽しむ姿を、お部屋から眺めるMさん。

――あらためて、ご家族にとって、在宅看護師とはどんな存在でしたか？

長男　私たち家族を、外側から包み込んでくれる存在です。こちらのやりたい気持ち、行動、不安など、全部お見通しで察してくれる。「これをしたい」「ここまではできる」と伝えたら、単に自分たちができないことを代わりに埋めるのではなくて、「こうやればできますよ」と、大きく包み込んでくれる。そうしてくれることで、自分たちも励まされ、頑張ろうと思えました。

看護師さんの中でも、訪問看護師さんは死に直結するところに携わっている大変な職業だと思いますが、受け手としては担い手がどんどん増えていってほしいです。自分たちのように救われた家族がいることを、たくさんの方に知ってもらいたいと思います。

次男　「家族の覚悟が必要」と伝えましたが、それこそ看護師さんの覚悟のほうが大変なものでしょう。ただ、本当に自分たちは、ものすごくよかったと思っているので、今後、在宅看護師を目指す人が増えていって、在宅看護という選択肢も広まってほしいと心から願っています。

「それでいいんですよ」の一言に、やっと肩の荷が下りた

転倒する前は、自分の足でしっかりと歩き、とても活動的に過ごしていたNさん。転倒を機に介護が必要になり、当グループの訪問診療、訪問看護を利用することになりました。ご本人には「延命はしない、入院はしない」という強い意志があり、娘さんはそれを受け入れていました。点滴もせず、最期は自然に、老衰でご逝去されました。

――訪問診療と訪問看護が入るまでは、どのような日々を過ごされていたのでしょうか。

かつて母は、地域のNPO活動にも積極的に関わるなど、とてもアクティブな人でした。勉強会で日本全国を飛び回っては、観光も兼ねて仲間たちと楽しそう

に過ごしていましたね。その勉強会には毎年参加していたのですが、年齢を重ねるにつれて足を運ばなくなってしまったのです。はっきりと理由は聞いてはいませんが、おそらくだんだん体力が落ちて、体が思うように付いていかなくなってしまったからなのでしょう。

活動の第一線から退いた後も、自宅で新聞を読んだり、料理番組を観たりして、その都度メモをとるなど、ずっと勉強熱心な母でした。ただ、活動に行かなくなっただけではなく、そのうち外出もしなくなりました。地域のNPO活動を通して自分自身がケアの勉強をしていたからこそ、何かあったとき、周りに負担をかけてはいけないと思ったのかもしれません。

外出せずに歩かなくなったからか、室内でも次第に伝い歩きになってきて、「そろそろ介護が必要かな」とは思っていました。認知症ではなかったのですが、近所の人の顔を忘れるなど「まだらぼけ」もするようになってしまっていたので。窓のほうを見つめて誰かと話しているような、幻覚症状のようなものも見受けられました。今思うと、そうした変化は、病院に入ってしまうと直接見ることはできませんよね。そういう意味では、ずっと自宅で一緒に過ごして、些細な変化を近くで見守ることができたことは自分にとってよかったと思います。

ただ、私一人で看ていると、どうしていいかわからないことも多々あります。あるときは転んでしまい、結果的に骨折だったのですが、けがをした体をどう動かしていいのかわからず、動かせずにいたら、いつの間にかひどい褥瘡ができてしまいました。

――病院に行こうと考えたことはなかったのでしょうか？

本人には、「病院には行かない」という強い意志があったのです。母が、病院に入院してしまったらどのくらい面会に行けるのだろうと、私のほうにも不安がありました。そこで、母が関わっていたＮＰＯに相談し、たまふれあいクリニックを紹介いただきました。相談すると、ケアマネジャーさんや医師が、大まかな方針を決めてくれました。結果として、母には訪問診療と訪問看護が必要な状態。その段取りはもちろん、介護保険の申請までサポートしてくれました。

——実際に利用してからはいかがでしたか？

母はとても人に気を遣うタイプなので、「家族以外の人が自宅に入ってくるのはどうかな？」と、最初は心配していました。でもそれは、杞憂に終わりました。看護師さんと性格の相性が合っていたのかもしれませんね。「皆さんによくしてもらっている」ということは、本人もちゃんと理解していました。「病院には行きたくない」と、ずっと言っていたのですが、それでも治療は必要ですし、それが可能な訪問診療につながれて、安心しました。

介護ベッドも入れてもらい、本人も生活環境が整っていくことに、心なしかほっとしていたようでした。

私は看護師さんから、おむつ交換のやり方など、母と生活していくための細かいケアの方法をいろいろと教えてもらいました。それだけではありません。母はお風呂を嫌がるようになり、しばらくお風呂に入っていなかったこともあって、肌が荒れていました。そこで、看護師さんに体を拭いてもらって保湿クリームを塗っていただくと、肌がきれいになり、ありがたかったです。

そうしたお世話の知識を、もう少し早く知っていれば違ったのかも……と思います。身内だけで介護するのではなく、第三者も交えていろんな視点から見てもらうことは、とても大事なのだと痛感しました。母が転んでも「立ち上がって歩いているから大丈夫かな？」と思ってしまったり、マイペースに過ごす母を「まだ大丈夫そうだ」と思ったり。もう少し早く動いていれば、という気持ちもありますが、そのときにならないとわからないことも多いですね。そのときどきで、「こうしよう」「これでいい」と、母のことを考えながら判断できたことには、悔いはありません。

訪問してくれた看護師さんを見ていると、とにかく素早いことと、段取りのよさが印象的でした。その年の最後の診療日だった12月28日に訪問してもらったのですが、この日は母の様子がいつもと違いました。おそらく、ほかの利用者さんの訪問予定も入っていたと思うのですが、その合間に迅速に次のステップへの段取りをしてくれました。このとき訪問に入っていただけなかったら、母は意識が朦朧としたまま旅立ったかもしれません。

私と母がお世話になったのは短期間でしたが、とてもよく看ていただき、助かりました。母が苦しがっていたときに、どうしたらラクになるのかがわからず、ずっと背中をさすっていました。ちょうどそのとき看護師さんが来てくれ、そのことについて聞いたところ、「それでいいと思います」とうなずきながら言ってくれて、安堵して胸をなでおろした覚えがあります。

――お看取りのときのことをお教えください。

母の状態が悪くなったとき、「病院へ搬送しますか？」と聞かれて迷っていると、「入院をすれば呼吸器をつけてもらうことができます。ただ、結果が大きく変わるわけではありません」と、先生に率直に言っていただけました。それならば、母が普段から言っていたように、無理な手を尽くすのではなく自然に任せるのがよいと判断しました。

12月28日に訪問していただいたとき、「早ければ今晩」と医師からは言われ、看護師さんからは「お別れの日が近いから、会わせたい人に会わせてあげてください」と声を掛けられました。振り返ると、あのとき、そう助言いただいてありがたかったです。それからすぐ親戚に連絡して、母の兄弟や孫が28、29、30日と宿泊し、交代で母を看病することができました。12月31日には、親戚を家に帰し、その後、私と弟で母を看取りました。

母は、自分が年老いていく姿を、隠すのではなく「若い人に見せたい」とよく言っていました。一方で、実際に自分が年老いてくると「こんなに何もできなくなるのか」とショックも受けていたようです。食器の片付けも自分でやっていたのですが、亡くなる半年ほど前からできなくなっていました。ただ最期、孫が会いにきて私たちも自宅で看取ることができ、母の望む旅立ちを、かなえてあげられたのかな……と思っています。

――その後、エンゼルケアを体験されたのですね。

元気な頃は、毎月のように美容院に行く母でしたが、動けなくなってから足が遠のいてしまっていました。髪の毛を、ちょっとでも洗ってあげたいなぁと思っていたんです。すると看護師さんから「おむつ、お借りできますか？」と言われて不思議に思っていると、おむつを頭の下に敷いて洗髪をしてくれたんです。ドライヤーもかけてくれて「そこまでケアしてくれるのか」と印象に残っています。

最期、看送る際の服についても「何を着るのがいいでしょうか？」と言われてびっくりしました。白い着物を着て、納棺する前に本人が好きだった服を掛けてあげるというイメージがあったからです。全然考えていなかったのですが、出歩くのが好きな母でしたので、本人が活躍していたときによく着ていたスーツを選びました。看護師さんには、ストッキングまで丁寧に履かせてもらったんですよ。

介護や看取りについては、いくら知識があってもそのとおりになるとは限らないと実感しました。自宅で看たいと思うのなら、いろいろな知識が必要となります。ただ、調べた情報だけでは実際にどうしたらよいかまではわかりません。プロフェッショナルである方に、目の前でやって教えていただけるのが、在宅のいいところだと感じました。私も母の世話をできるように、体の動かし方やケアの仕方を教えてもらって助かりました。本人も、ラクになったと思います。

最初は自宅で看取れるなんて思っていませんでした。皆さんに助けていただいて、何とか実現することができて本当によかったです。

母が亡くなったのが年末で、お世話になった看護師の皆さんに、年始のご挨拶にうかがったとき、顔なじみの看護師さんから「表情が、変わりましたね」と言われました。それまでの表情には、疲れが出ていたんでしょうね。看護師さんは、患者さんだけでなく家族を含めて看てくれているんだと感じました。

医療の技術も大切ですが、実際にお世話になってみると、こうした「人を思う」医療を担えるのは、地域を支える在宅看護だと思います。利用する側も、自分たちが困らないためには、日頃から地域医療との関わり方を知っておくことが大切だと実感しています。

人との温かい関わりの中で、母らしく過ごせた時間

長女さんと同居されていたTさんは、当グループのサービス利用当初から車いすで、認知症を患われていました。定期的に使っていたショートステイ先で急に容体が悪化し、救急搬送された先の病院でご逝去されました。

長女さんはお仕事をされていたこともあり、ご近所に住んでおられる長女さんの娘さん（Tさんの孫）がお子さん（Tさんのひ孫）を連れてTさんの自宅へ行き、皆さんで一緒にTさんを看ていました。

嚥下機能が悪くなり食べられなくなっていったのですが、とろみ食はお好みでなく、大好きなおすしを一人前平らげるほど、食欲が旺盛でした。胃ろうをするのではなく、自然に「命を閉じる」選択をされました。

Chapter 4

――どういった経緯で、家で看ることを決められたのですか。

お世話になっていたケアマネジャーさんの助言がきっかけです。元気に過ごしていた母だったのですが、ある日の夜中、急に認知症と思われる症状が出てきてしまい……。すぐ病院へ連れて行ったところ、認知症と診断されました。総合病院に行けば、いろいろな診療科で全身を診察してもらいますよね。でも、それをしていたら丸一日掛かりで、終わる頃には母も私もぐったり。特に私は仕事をしているため、休みを調整して同行していたのですが、両立が大変になってきてケアマネジャーさんに相談したところ、病院以外の選択肢を教えてくれました。

それまでは、介護老人福祉施設(特養)をときどき利用していました。ただ、気になることもありました。あるとき、明るい色が好きな母は、お気に入りの赤い洋服で特養に出掛けたのですが、帰宅時には本人の好みとは正反対の服装に変わっていたんです。限られた時間とスタッフですから、服装にまで気を配るのは難しいとは思いますが、母の気持ちとほど遠い対応に、ショックを受けてしまいました。母は着物関係の仕事を80歳まで続けていて、おしゃれをして出掛けるのが大好きでしたから。

また、はっきりとした性格で、いやなものはいや、と口にする母でした。特に、食べ物については「これがいい」と、強い思いがあったようです。

嚥下機能の低下が進んでいたのに、施設で提供される嚥下食は、絶対に食べませんでした。けれども、家では好きなものを何でも食べるんです。病院への入退院を繰り返していたのですが、退院したばかりのある日、昼にはお寿司一人前、夜には餃子をいくつもペロリと平らげたほど。朝食には好物の白いアスパラにマヨネーズをたっぷりつけて、コーンポタージュ、トーストなどを食べていましたし、マグロやカニも好きでした。

「食べたい」「生きたい」という気持ちが強かったのかもしれませんし、家族みんなで一緒に食べるのがよかったのかもしれません。こちらはのどを詰まらせてしまわないか心配していたのですが、家で好きなものを食べられる環境は、自然でいいなと思っていましたね。

――看護師とは、どのような関わりがありましたか？

母は人にお世話になることに対して気を遣ってしまう性格。そして何でも「自分で」したいタイプでした。ですが、家に来てくれる看護師さんからの言葉は、いつもすんなりと受け入れているようでしたね。

母は、看護師さんが来たときはいつも、うれしそうな顔をしていました。看護師さんが、母のことをよく見て、真剣に向き合って接してくれていたことが、母自身、何となくわかっていたからではないでしょうか。人から言われるよりも自分で決めたい性分の母が、看護師さんの話は受け入れるようになりましたし、看護師さんが昔の話を上手にもち出して、朗らかに会話をしながらテキパキと処置したりする姿を見て、さすがだなと感じました。

「自分らしく」を後押ししてくれるのも母にとってはよかったと思います。

――入院中との違いは感じられましたか？

病院ではどうしても、大きな一つの流れの中での対応になってしまうと思います。次々とやるべきこと、やらねばならないことが決まっていて、その流れに乗るようにしてこちらも進みます。一方、在宅での看護では、決まった流れではなく個別に、丁寧に対応してもらえます。そのきめ細かさに、驚きました。

父のときは、緩和ケア病棟で看取りましたし、これまでさまざまな場所で身内を看送ってきました。母の場合は、たくさんの人との関わりの中で、温かく過ごせたのではないかと思います。

——看護師との思い出があれば、教えてください。

あるとき、母の耳をチェックしたら、耳あかで耳の入口がふさがってしまっていたんです。私たちが耳かきをしようとすると痛がるので、耳鼻科に連れて行ったのですがそこでも断固拒否で、これは難しいな、どうしようと悩んでいました。ところが、看護師さんには不思議と、おとなしくやってもらっていました。母にとっては「身近な人」だったからかもしれませんね。

看護師の皆さんは、本当にずっと温かかった。母の指の爪を切るにしても、まめに声掛けをしてくれていました。やるべきことをきちんとやりつつも、その中に何か、心が通うようなものや、ゆとりがあると感じましたね。

家で母を看ることで、いろいろな「事件」も起こりました。私は仕事があったので、近所に住む子育て中の娘にお願いすることもあったのですが、あるとき娘から、「おばあちゃんが大変！」と連絡があったことも。娘の子どもがやんちゃ坊主で、車いすを押した拍子に母がバランスを崩してしまったり、介護ベッドの上で元気に飛び跳ねていたり……。そのときは大変だったのですが、今振り返れば、家だからこそのにぎやかな思い出だと感じています。

看護師さんと話すと、常に「頑張りすぎないでいい」という気持ちにしてもらえましたし、信頼して頼ることができました。

「もっとこうしなきゃいけないんじゃないですか」と言われるようなことは一度もなく、そのおかげで精神的にも穏やかに、仕事も楽しく続けられました。

在宅で看てもらうことを通して、〝相手がラクになる場面〟をつくってあげることの大切さを、私自身が看護師さんから学びました。看護師さんはプロですから、きっと世話をしている家族に対して「こうしたほうがいいのに」と感じることもあるとは思うんです。けれども、それをおくびにも出さず、常に穏やかに接してくれました。家族にも寄り添って、私たちの後悔が少ないように、考えてくれていたのです。それは、まぎれもない優しさだと感じます。

そういえば、母は看護師さんたちに「Tさんは、いいですね～」とよく言われていました。それは、孫や娘が訪れ、自宅で過ごす様子を見ての言葉だったかもしれません。確かに、家にいたくてもいられない人もいるなかで、自宅で過ごしてもらうことができたのはよかったと改めて思います。在宅看護という仕組みのおかげです。

豪華な入居施設もあるようですが、そこでのやり取りが機械的であれば、寂しいです。これからは、自然体で心がこもっている施設や自宅で過ごせる環境が求められるのではないでしょうか。そうした場で働く在宅看護師の人たちは、この先ますます家族を支えていく存在になっていくのだと思います。

ご家族から届いたお手紙

看護師Hさんはじめ、たまふれあいの皆さんへ

皆さまいかがお過ごしでしょうか。早いもので母が亡くなってもう2年が経ちました。私の心も体も、母のいない生活にやっと慣れてきた感じです。母の写真を見返していると、周りの方に恵まれて、ニコニコと最期まで母らしく過ごせていたのだなぁとありがたい気持 ちになります。

「さっきまでオムツを替えてたのに」「昨日まで体を拭いていたのに」突然何もしなくてよくなったときには、愕然としました。でも、寝たきり4年半の間、常に皆さんに助けてもらいながら、よくここまで来られたなとも感じています。

小さくなった母の体にエンゼルケアをしていただきながら、少しお喋りして、気持ちが落ち着いたことを覚えています。家にいたい母と、絶対に自分が看取りたいと思っていた私の念願が叶ったのは、本当に皆さんのお陰だと思っています。

まだまだ暑い日が続きますので、皆さまどうぞご自愛ください。

Chapter 5

地域の人々に寄り添う、最高の舞台に立とう

たまふれあいグループ 代表
鈴木 忠

在宅看護は、利用者さん・ご家族だけではなく「地域」とも関わっていきます。在宅看護師と一緒にどのように地域医療に貢献していきたいのか。私たちのビジョンをお伝えします。

これからの在宅看護には〝地域との連携〟が欠かせない！

本書もいよいよ、最後の章となりました。

これまで、在宅看護師として働くスタッフや、実際にご利用いただいたご家族、さまざまな立場の視点から、在宅看護の価値観と在宅看護師がバンソウする姿についてお伝えしてきました。それらのエピソードからもうかがえるように、在宅看護とは、利用者さんだけを支えているのではありません。全方位から見ることによって、利用者さんやご家族、そしてその方々が暮らす地域のことも支えているのです。

超高齢社会に突入した日本では、寝たきりになる高齢者の方や、長期療養を必要とする方など、医療依存度の高い方が増えていくことが考えられます。そのような方々が、最期まで自分らしい生活を送るためには、慣れ親しんだ家で提供される在宅医療が充実していくことが必要不可欠です。質の高い在宅医療は、地域医療の質を高めることにもつながっていきます。その在宅医療をマネジメントしていくのが、在宅看護師の仕事です。

たまふれあいグループは「地域の人々の、よりよい生活と人生のために」という理念をもって、ヘルスケアを通して地域社会へ貢献することを目指しています。本章では、私たちがどのようにして、在宅看護師とともに地域医療を支えていくのか、その展望をお伝えできればと思います。

たまふれあいグループの理念・基本方針

理念

地域の人々の、よりよい生活と人生のために

〜 こころとからだに、ぬくもりとやさしさを 〜

基本方針

- 私たちの提供するヘルスケアは、地域の人々のためのものです。
- 私たちの提供するヘルスケアは、人々の今と将来に寄与します。
- 私たちの提供するヘルスケアは、常に全人的かつ人間的であり続けます。
- 私たちは、誇りと働きがいを持ってヘルスケアを提供します。

4つの領域を展開してベストなヘルスケアを！

地域全体のヘルスケアを底上げすることを考えたとき、病院の中だけではなく、その地域にある老人ホームなどの施設を含む、全体の医療レベルを上げる必要があります。そうしなくては、「はじめに」でお伝えしたような悲しい出来事が起こってしまうからです。病院の中だけではなく、外とも適切に医療連携し、どこにいてもその方が安心して過ごせるようにしたい。そのために、地域に必要なもののレベルをすべて引き上げていきたい、それが、私たちの願いです。

地域ヘルスケアのレベルを向上させるには、その地域に関わる医療機関や事業所の方々と勉強会をするなどの方法もあるかもしれませんが、違う組織の人々を集めて学ぶ機会を継続して設けていくのは、なかなか難しいのが現実です。

それならば、自分たち組織のレベルを高め、それを地域に展開していくほうが、地域のヘルスケア向上に直結しやすいのではないかと私たちは考えました。

病院の中であれば、医師も看護師も薬剤師もソーシャルワーカーも、あらゆる職種の人たちが同じ屋根の下、つまり同じ組織にいます。お互いの立場上、多少考え方に違いがあったとしても、そもそも一つの組織の中で活動しているわけですから、目の前の患者さんのためにどうするのがベストかという議論はやりやすくなります。

ところが、従来の在宅医療は、それとは正反対の形でした。在宅医療は、私たちのように医療法人が運営していたり、訪問看護ステーションであれば株式会社が経営していたり、また別の会社が経営する訪問薬局があったり、ケアマネジャーはまたほかの事業所がやっていたりと、すべての事業所の経営母体がバラバラなことも珍しくありません。それぞれに経営方針が異なりますので、患者さんへの対応も異なってきます。

各事業体が、それぞれにとって最適なあり方を目指すのは、事業体であれば当たり前のことです。しかし、それぞれがそれぞれに「よい」事業所になったとしても、それを単純に足し算していけば地域全体がよくなっていくかというと、実はそうとは限りません。繰り返しになりますが、経営母体が異なれば、目指すものは異なりますし、それぞれの事業で収益を出さねばなりませんから、利害が一致しないことも多々あります。

私たちは、患者さんや地域にとって、最適なヘルスケアを提供するため、グループとして包括的な事業展開をしています。これが、私たちが目指している、医療・介護・福祉・保健の地域統合型ネットワーク「たまヘルスケアクラスター構想」につながります。これは法人組織でもなく、ホールディングカンパニーでもありません。地域にとって最適なヘルスケアを実現するために必要な、いくつかの組織がゆるやかにつながったものです。構成する組織は、ときに医療法人であったり、営利法人であったり、あるいは一般社団法人だったりします。そうしているのは、地域にとって必要なものであれば、組織の形にはこだわらず提供されていくべきと考えているからです。

具体的に説明していきましょう。私たちが目指す「たまヘルスケアクラスター構想」は、中核にグループ全体のマネジメント機能を置き、それを中心にして「医療」「介護」「福祉」「保健」4つの領域を、ネットワーク化して展開するものです。これら4つの異なる領域は、完全に独立しているのではなく、グループとしてゆるやかにつながっています。そのため、患者さんがシームレスかつ効率的に、さまざまな領域のケアを受けることができるようになります。地域に暮らす患者さんにとって、より最適化されたヘルスケアを提供す

たまヘルスケアクラスター構想

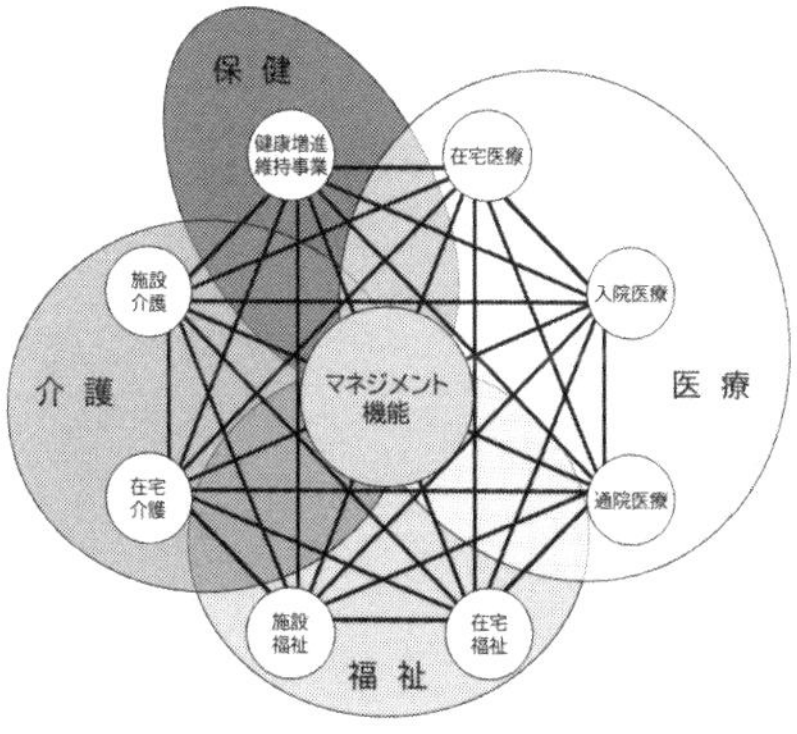

ることができるのです。

なぜ、「地域」を舞台にしたケアに注力するのか

こうしたヘルスケアクラスター体制で取り組むことで、効率的、生産的、そして具体的に地域のヘルスケアに貢献することができると考えて、現在の私たちはローカル、つまり「地域」に注力して、「在宅看護師」を核に新たなケアを展開することをいちばんの目標としています。

日本では現在、在宅医療を行う医師たちが、いろいろな場所に在宅のクリニックをつくっています。そういった方法も手段としてある一方で、私たちは、地域に注目した考え方で展開していく道を選びました。目指すのは、地域の皆様にとっての、よりよいヘルスケアを提供すること。これからも、地域に注力した方法で挑戦していきたいと考えています。

時代が進み、医療がどれほど発展したとしても、人々が地域の中で暮らし、生きていくということには変わりありません。そして、そんな地域での生活を支えるのは、地域医療のために包括的な役割を担う在宅看護にほかなりません。

たまふれあいグループは、地域医療発展の鍵が在宅看護にあると考え、「たまヘルスケアクラスター」構想の下、さまざまな事業を展開してきました。在宅看護師とともに、どのように地域医療の発展を目指したチャレンジを行ってきたか、その一部をご紹介します。

地域の人々に寄り添う、
最高の舞台に立とう

地域密着型だからこそできる、患者さんのQOL向上

私たちがどのように地域展開を進めていったかというと、まずは、訪問診療からスタートしました。次に訪問看護ステーション、居宅介護支援事業所、そして看護小規模多機能型居宅介護(看多機)とグループホームといった施設をつくります。

施設をつくった背景には、日本全域でいえることかもしれませんが、独居の高齢者が多いことがあります。がんで独居の高齢者が「病院には入りたくない」と言うものの、最後の最後は、やはり一人で家にいるのは難しい、となるケースはよく見られます。そうした方々を温かく看られるような場所があれば……。そんな思いから、看多機をつくりました。地域における、独居の患者さんのQOLをどうにか向上させられないかと考えていたのです。そう考えるようになったのは、こんな出来事があったからでした。

携帯電話を握りしめ一人で旅立ったおじいさん

「絶対に、病院には行かん！」と言い続けて、がんの末期で一人暮らしを続けていらっしゃった方がいました。あるときヘルパーが訪問したところ、おじいさんは亡くなっていたとみられ、ヘルパーから私のところに連絡があったのです。行ってみると、おじいさんは吐瀉物でのどを詰まらせ、窒息して絶命していました。そして、その手には携帯電話を握りしめていたのです。

おそらく苦しくて、どこかに、誰かに連絡しようと思ったのでしょう。それなのに、連絡することはできず、そのまま息を引き取ってしまった。私はものすごくショックでした。いくら病院へ行きたくなくて「一人で」と言っていたとしても、まさか窒息して携帯電話を握りしめて亡くなる可能性もあるなんて、誰も教えてくれませんし、ご本人も想像していなかったでしょう。

病院に行かなくていい、一人でいいと言ってはいても、携帯電話を握りしめていたということは、誰かに助けを求めようとしていたわけです。もしそこに、「誰か」がいたら。気に掛けてくれる「誰か」の存在があれば、携帯電話を握りしめて逝くことはなかったのではないか……。

このようなことを繰り返さないために、特に一人で暮らしているのなら、人生の終わりが近づいてきたときにその人が安心して暮らせる場所に入ってもらい、最期は私たちが看取る——。そういうことがかなえられれば、地域に暮らす人の人生に貢献できるのではと考えました。そこで、看取りができる施設をつくっていき、複合的なケアを提供できる看多機も設立したのです。

看多機の大きな特徴の一つは、訪問看護と看多機で、同じ看護師が看る仕組みにしていることです。実は、以前はそれぞれに分けていたのですが、そうすると最期の1～2週間で看多機に入った場合、看護師が別の人に変わってしまうことになります。

患者さんからしてみれば、自宅だろうが看多機だろうが、同じ看護師に看てもらっていれば安心します。また、看護師側からしてみても、自分が看ていた患者さんが看多機に泊まりに入って、最期はそこで看取る、といったふうに、その患者さんのすべてに寄り添うことができ、より深い関わりと広い視点から、患者さんを看ることができます。「看多機にいてだいぶ回復したから、一度家に戻りましょう」となったときにも、連続性をもって、同じ看護師さんに一貫してケアしてもらうことができます。

そもそも「たまヘルスケアクラスター」は、「〝患者さん視点〟でよりよいものを」という発想から生まれました。もちろん、先にも述べたように、日本全国によい在宅医療を提供する場を広げていく形で、在宅医療のクリニックをあちこちにつくる考え方も、間違いではないと思います。

ただ私たちはそうではなくて、この地域に根差して、地域の中で、患者さん視点でいちばん必要なヘルスケアを提供したい。「この地域に住んでいれば、安心だよね」と、地域の人々が安心して暮らせる未来を目指したい。そうした核となる思いがあるので、さまざまな角度から患者さんを見つめる、在宅看護という概念にたどり着いたのです。

どんな高い技術にも、ふれあいが生む連鎖は超えられない

地域のヘルスケア向上を目指す上で、私たちは、障がいのある方の就労をサポートする障害福祉サービスにも取り組んでいます。具体的には、就労を希望している方に対して、働くために必要な知識・能力を身に付けるトレーニングと就労サポートを行います。ご家族や就労する企業と連携し、末永く支えていくことを大切にしています。一見、在宅医療や看護とは距離のあるこの事業を、なぜ始めたかというと、これも実際にあった出来事がきっかけでした。

近年耳にする「８０５０問題」。ご存じの方も多いと思います。これは、80代の親が、引きこもり状態にある50代の子どもの生活を支えるために経済的・精神的に負担を請け負う社会問題のことをいいます。

行政の支援が行き届かないまま、親が要介護状態になってしまったり、あるいは病気になったりすることで、親も子も、生活が立ち行かなくなってしまうというものです。

実はこうしたケースは、珍しいものではありません。私が昔出会った、ある親子もそうでした。お母さんの体調が悪く、私は訪問診療の医師として訪問していました。同居されている中年の息子さんは引きこもりで、お母さんの年金で暮らしている状況。なかなか仕事が続かず、どうも気掛かりな状況がうかがえるのですが、息子さんご自身は、何か問題があるとは思っていないようです。

やがてお母さんの病状が悪化し、私は入院を勧めました。しかしお母さんは、そうなると息子が心配だから、入院はできないとおっしゃるのです。説得を試みても頑として聞かないので、息子さんを何とかしようと、行政組織にも相談をしました。しかし、当事者である息子さん自身が「自分は大丈夫だ」とおっしゃる以上、行政としてもそれ以上動くことはできません。そうこうしているうちにお母さんの容体はさらに悪くなり、ある日救急車で運ばれて、病院で亡くなりました。

そうなってしまうと、お母さんを担当していらしたケアマネジャーさんも、私たちも、息子さんとの関係はそこで断ち切られてしまいます。その後息子さんは一体どうされているのか、ずっと気になっていましたが、私たちがそのとき看ていたのはお母さんのみ。私たちのほうから息子さんに連絡を取る手段はなく、何か困りごとがないか、たずねることもできませんでした。

そんな苦い経験があり、このようなとき、どうにかご家族ともつながれないかと考えました。「体調が悪くて医師に看てもらう」ことの周囲には、実は生活や家族に課題があるけれども、それに気付いていない、あるいは気付いていてもどうしていいかわからない……。そんな場合もあります。そうなると不幸な結果になりかねません。そうならないように家族全体をケアできるようにしたいと考えて、就労支援事業「たまフレ！」も始めたのです。

家族全体の生活の質向上へつなぐ

無事に、行政につなげることができた例もあります。高齢のお父さんががんの末期で、引きこもりの、中年の娘さんと同居されていました。そこに私たちが訪問診療として入っていたのです。これは娘さんのケアも考えなければ、という状況でした。まずは「たまフレ！」の計画相談支援を活用してもらい、障害者手帳を交付してもらうまでを支援しました。手帳を交付されないことには行政サービスが受けられないからです。交付されたあとは、速やかに行政につなげ、お父さん・娘さんともにサポートを受けることができました。

地域で多種多様な事業展開をすることには、大きな意義があると思っています。私たちが直接関わっている患者さんだけではない、その家、そのご家族全体の課題を解決するところにも寄与することができるからです。

この点も「病院」と「在宅」との大きな違いです。病院では治療することがゴールであり、それを患者さんや家族と共有しています。一方、「在宅」では「どのようによりよく暮らしたいか」のプロセスの共有になります。一口に「プロセス」といっても、人生が一人ひとり違うように、プロセスも一人ひとりで異なるもの。その共有はとても難しいと感じています。一人の方についても、そのときどきによって変わっていくこともあります。そのプロセスにバンソウしていくことが私たちの役割です。

医療だけではなく、生活の課題解決も、じっくり時間を掛けていかねばならないことなのですが、お伝えした事例のように行政の手から漏れてしまっているケースも少なくありません。

私たちがそこまでを担うべきなのかはとても難しいところですが、しかし、私たちの基本方針は「おせっかい焼きになろう」です。在宅でのケアを通じて困っている人と出会ったならば、おせっかいを焼いて、できることをしようと覚悟を決め、現在に至っています。

今は、「医療に付随するさまざまな問題がある」のではなく、あくまで「医療は全体の中の一部分」との認識で活動しています。

地域の「健康生活コンシェルジュ」に！

私たちは、いろいろな形でのヘルスケアを提供しているので、利用者さんの利用スタイルもさまざまです。かかりつけの病院は別にあり、たまふれあいグループの居宅介護支援と訪問看護を利用している人もいます。「医療」というより、その人の「生活の質」にフォーカスして、「治療する」のではなく、その人が「心地よく暮らす」、QOLを上げていくことが自分たちの使命だと思っています。

そのために新たにチャレンジした取り組みの一つが、「まちの保健室」事業です。これは一般的にもさまざまな地域自治体で展開されている、人々が気軽に健康相談できる場をつくる取り組みですが、私たちは「健康生活コンシェルジュ」という名前で実施しています。現在は、固定した拠点ではなく、自治会の協力のもと、地域周辺の集会所やイベントスペースなどで開催しています。

開催場所へソーシャルワーカーたちが出向いて、血管年齢や骨チェックといった健康診断をしたり、医師、看護師、ケアマネジャーなど各専門職が健康相談に乗ったり、それぞれの方に向けて日常生活の注意点をお伝えするなどしています。このほか、認知症予防やお看取りといったテーマを設けたセミナーなども開催しています。

この取り組みの背景には、「予防措置」の観点があります。この地域で私たちと関わりを持つ人は、地域におけるごく一部分の人たちで、すでに何らかの医療的な課題を抱えている人たちです。高齢者の病気の中には、元気なうちから注意していれば防ぐことが可能なものもあります。医療的な課題を抱える前の段階の人たちと関わることによって、予防や改善をする必要があると考えました。「健康生活コンシェルジュ」は、その具体策です。

足を運んでくださる人は、もともと健康への関心が高い人ですが、そうではない方にこそぜひ来てもらいたい。地域の人たちのコミュニティをつくるという意味でも、意義のある活動だと考えています。

また、これらの機会は看護師にとっても、視野を広げられるきっかけになります。健康相談を受けることによって、地域に住まう人々のリアルな悩みに触れたり、セミナーではエンディングノートの書き方をレクチャーしたりすることによって、多様な「生き方」「考え方」に触れることができます。こうしたことは、在宅看護師としての想像力を育むことにもつながるでしょう。

最近では「介護と住まいの相談センター」という老人ホーム紹介事業も始めました。これも先述の「個人に最適化されたヘルスケアの提供」に取り組む一環でスタートしたものです。日々、いろんな老人ホームの案内を目にする中で、本当にその家庭の看護や介護のレベルに合った施設なのだろうか、もしかするとご本人ではなく企業にとっての最適化になってしまっているのではないか、どういった視点で施設を選べばよいのか私たちから伝えられることはないだろうか、と考えたのです。その人にとって適切ではない施設に入ってしまうほど不幸なことはありません。そこに少しでも貢献できればと思います。

たまふれあいグループの事業組織

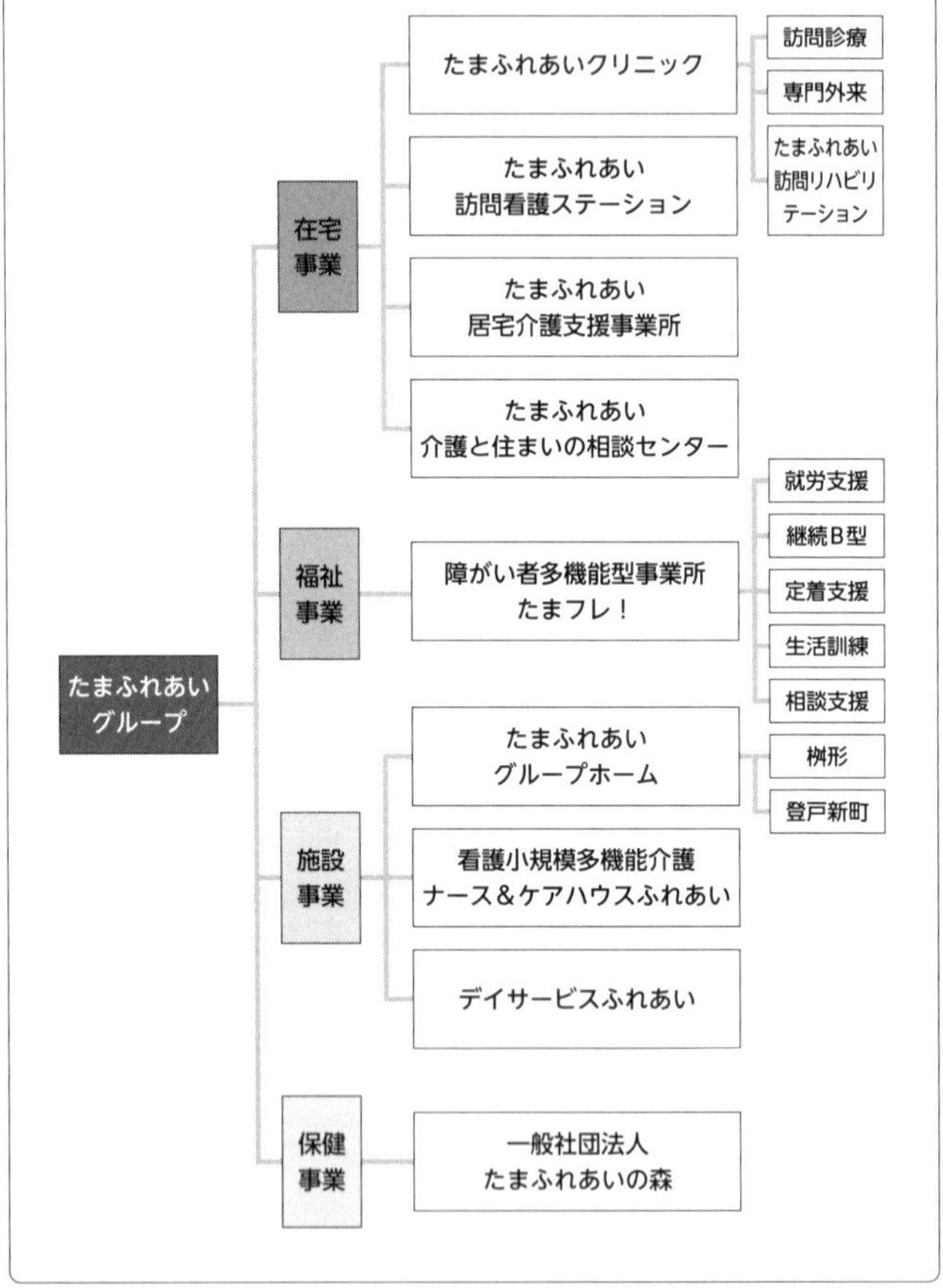

地域医療を発展させていく鍵は、在宅看護師の存在

地域を育てていく取り組みの中心となるのが、在宅看護師の存在です。私は「新しい地域ケアのフィールド」の中心となるのは、在宅看護師だと確信しています。

かつては看護学校などを卒業した後、最初の就職先として選ばれるのは急性期病院がほとんどでした。訪問看護や在宅の道に進む選択肢は一般的ではなかったのです。まずは病院で看護・医療技術を磨いてから、という発想があったのでしょう。

確かに、最初から在宅の世界へ入るのは、キャリア不足ではないかと不安になるかもしれません。しかし、医療行為や看護スキルは、学ぶことで後からでも修得できますが、価値観を変えるためには、より時間がかかります。

例えば、患者さんの酸素飽和度が下がったとき。病院であれば、医療者の判断

で酸素を入れますが、在宅だと必ずしもそうではありません。ご本人が「いらない」と言っていて、苦しくないのであれば、無理して入れる必要はないという考え方です。この価値観の違いに、最初は「何もしないの?」と戸惑う看護師も多いと聞きます。

在宅は、「命が消えるまで、その人が気持ちよく生活できること」を支えることが目的です。急性期病院から、私たちのような在宅の世界に転身してくると、しばらくはその価値観の大きな違いに驚くようです。そのため私たちは、最初から在宅の世界に飛び込む選択も、歓迎しています。

命の終わりに向けて「その人がどうしたいか」。ご本人の意識がしっかりしているうちは直接たずねられますが、私たちがケアしている患者さんには、がんの末期、認知症などで「どうしたいか」をご自身で決められないケースもあります。その場合「本人だったらどう考えるだろうか」を推測できるのはご家族しかいません。その人だったらどう考えるか、ご家族と一緒に考えて伴走していくのが「在宅看護師」の役割です。

もちろん医師も、患者さんやご家族と話はしますが、医師は診療や治療のほうに意識が向いてしまいます。それに対して在宅看護師は、それまでにその人の「生活の場」にはいって同じフィールドでケアをしてきているので、伴走することができるのです。そこが、看護師ならではの大きなバリューでもあります。

「密な」ケアができるからこそ地域医療を発展させていける

ご紹介したように、私たちは看護師のキャリアアップを図るためのキャリア・ラダーをつくっています。これまで一般的に、看護師のバリューは見えづらく、「見える化」することも難しかったと思います。医師の補助的な作業に終始してしまうと、ラクといえばラクですが、なかなかやりがいは感じにくいかもしれません。

本来、看護師の仕事は「人の役に立つ」などといった一言では表しきれない、難しいからこそ、価値を持つ仕事です。なかでも私たちが提唱する「在宅看護師」は、ケアのみならず、在宅で安心してその人が暮らせるように必要なすべてのことをマネジメントしていく、裁量権の大きい、とてもやりがいのある仕事といえるでしょう。

治療を目的とする看護に喜びを感じる看護師は、病院での仕事に満足できると思います。一方で、一人ひとりの患者さんを見て、その人がその後どうなったのか、「ちゃんとごはんを食べたり働いたりすることができるようになったのだろうか」というところにまで意識がいく人は、病院での看護に物足りなさを感じるのではないでしょうか。在宅であれば、患者さんやご家族と丁寧に向き合い、よりよい暮らしや人生を支えるお手伝いができます。さまざまなエピソードを通してご紹介したように、看護師がリーダーシップを執り、不可能を可能にすることだってあります。

実際に私たちのところには、患者さんとじっくり向き合いながら看護をしたい、最期まで見届けたい、生活に根付いた看護をしたいという思いを抱いて、病院から移ってくる看護師たちがいます。

ある看護師が言うには、たまふれあいグループに入ったきっかけは、「地域の人たちと密にコミュニケーションを取るところ」に魅力を感じたからだそうです。その「密な」ところこそ、自分がやりたい看護だと言っていました。「密な」というのは、まさしく患者さんの生活に根ざしたケアをしていくことであり、それを担うのが「在宅看護師」です。そうしたことができるからこそ地域と連携し、地域医療を発展させていけるのです。

「在宅看護」「在宅看護師」の価値観を広め、ブラッシュアップさせながら、患者さんやご家族からはもちろん、地域のすべての人から「ここに住んでいれば安心だよね」と思ってもらいたい。その思いを胸に、これからも着実に、誠実に歩んでいきたいと思っています。

おわりに　伴走し、伴奏し、伴送する。私たちと一緒にチャレンジしませんか

「よかったですね、おめでとう」

病院から患者さんが退院するとなれば、そう声を掛けて見送ります。けれども、私たちが携わっている訪問看護では、さよならをするときの多くはお看取りのときですから、そうとはなりません。

私たちは、「どのようにしたら安心して心地よく暮らすことができるか」を利用者さんやご家族と一緒に考え、それを支えていくことになります。

例えば、病院であれば、酸素吸入をしている方がたばこを吸うなんて考えられないことですが、私たちは「残された時間が少なくなったとしても、最期は好きなことをして過ごしたい」とご本人が強く望んでいるのであれば、どうしたらその人の願いが実現できるかを、一緒に考えていきます。

Conclusion

「はじめに」では、「指揮者のいないオーケストラ」のような組織体を目指していることをお伝えしました。指揮者がいなくとも最高の楽曲を奏でることができる、逆にいえば誰もが指揮者（リーダー）になり得る組織ということです。患者さんや利用者さん、そして地域の方が主となる旋律を奏でるのであれば、私たちオーケストラは、それを支える〝伴奏者〟でありたいと考えています。

ゴールまでの道のりが短くても長くても、ご本人の暮らし方、生き方に沿って「この人には何ができそうか」「この人なら、こうするのがいいだろう」と、〝バンソウカ〟をフル活用して、その人や家族の後悔が少なくて済むように、本人だけでなくご家族にも伴走し、伴奏していきます。

そして、最期にはしっかりと伴送する――。それが私たち在宅看護師の大切なミッションだと考えています。

私たちが在宅看護師を続けていてうれしいことの一つは、自分に幅広い知識が身に付くことです。一般的な病院の看護師のままであれば、身に付いたのは看護や医療知識のみだったのではないかと思います。

そして、知識の獲得以上にうれしいのは、「一緒に看てもらえてよかった」と、ご家族に言われたときです。その一言で「ああ、ここまでやってよかった」と救われた思いになります。この仕事へのモチベーションも上がります。

看護師として働く人は「人のために何かしたい」との思いがとても強く、何かをした結果「ありがとう」と言われることでモチベーションが上がるという方が多いでしょう。

ですが、私たち在宅看護師はどちらかといえば、感謝されるよりも「ああ、ここまでやってよかった」と自分が思えることのほうがうれしい、と感じる人が多いです。「自分が関わったことで、この人の生活が変わっていった」「より適切なサービスに変えたことでうまく生活できるようになった」といった、その人に影響を与えられたことのほうに、より喜びを感じます。

私たちが目指す「在宅看護師」は、看護の専門的なスキルのほか、洞察力や判断力などさまざまな力を備え、かつマネジメント能力も磨き上げなくてはならない——そうお伝えすると、「とても自分にはできそうにない」と思ってしまうかもしれません。しかし「在宅看護師」は、本書のエピソードからもわかるように、「難しい」のではなく「奥深い」のです。経験が浅くても、未経験だとしても、フォロー体制、教育体制ができているので、不安に思うことはありません。

本書で紹介したように、当グループでは多種多様な事業を手掛けています。ですから「私はこれだけしかやりません」ではなくて、いろいろなことに興味を持って、「みんなのために頑張りたい」「あれもこれもやってみたい」というマインドがあって、あれこれやるからこそ楽しいと思える人であれば、私たちグループの風土にぴったりだと思います。何より、前向きな「おせっかい焼き」は大歓迎です。

地域にいるその一人を支えるために、ひいては地域医療を発展させるために、ともに走ってくれる仲間をお待ちしています。

たまふれあいグループ　在宅ケア研究会

たまふれあいグループ 採用サイトはこちら

“訪問”から“在宅”へ
ともに走り、奏で、送る「在宅看護師」を知っていますか？

2025年2月17日　第1刷発行

著者	鈴木 忠、佐藤奈緒子、大瀧めぐみ たまふれあいグループ 在宅ケア研究会
発行者	鈴木勝彦
発行所	株式会社プレジデント社 〒102-8641 東京都千代田区平河町2-16-1 平河町森タワー13階 https://www.president.co.jp/ https://presidentstore.jp/ 電話　編集 03-3237-3733 　　　販売 03-3237-3731
販売	桂木栄一、高橋 徹、川井田美景、 森田 巌、末吉秀樹、大井重儀、庄司俊昭
装丁	キトミズデザイン合同会社
組版	清水絵理子
校正	株式会社ヴェリタ
構成	江頭紀子
編集	森永恵理子
印刷・製本	株式会社サンエー印刷

本書に掲載した画像の一部は、
Shutterstock.comのライセンス許諾により使用しています。

ISBN978-4-8334-5255-7
Printed in Japan